현수 법장 연구

프라즈냐 총서 15

현수 법장 연구

-화엄교학의 대성자-

계환 저 著

운주사

머리말

나무는 꽃을 버려야 열매를 맺고 강물은 강을 버려야 바다에 이를 수 있듯이, 올해도 벌써 한해를 마무리해야 하는 12월이다. 그러나 오늘의 만족 때문에 시간이 빠름을 안타까워하거나, 내일의 기대 때문에 시간이 느림을 원망하고 싶은 생각은 없다. 다만 나무가 겨울이 되면 모든 것을 내려놓듯이, 떨어진 낙엽을 보며 자신이 내려놓아야 할 것은 무엇인가를 생각하게 하는 12월인 것만은 분명하다.

이 책은 필자가 그동안 학술지에 발표한 논문 중에서 현수법장賢首法藏과 관련된 것을 가려 뽑아 수정 보완하고, 생애 부분은 새롭게 첨가하여 한 권으로 묶은 것이다.

한 인간을, 특히 종교가로서 연구하고자 할 때, 그 전기의 면밀한 검토를 통하여 중요한 문제가 분명해지는 경우가 적지 않다. 하지만 전기에 대한 검토에서 간과해서는 안 될 하나의 문제점이 대두된다. 즉 우리가 거론하는 인물의 위대함과 사상적 영향이 지대하고 전기성립의 연대가 오래될수록 전기 작가의 주관과 과장이 유입되기 쉬우며, 실상조차도 허상화시키는 경향이 있기 때문이다. 그런 의미에서 본서의 첫 장을 법장의 생애에 대한 연구로 배치하였다. 먼저 법장의

6

생애에 대해 객관적이고 신뢰할 만한 정보가 확보되어야 그의 사상과 교학에 대해 좀 더 깊이 있게 천착할 수 있겠기 때문이다.

제2장에서는 법장의 화엄교학이 성립될 수 있었던 사상적 배경을 다루었다. 여기서는 불교 전반을 아우르는 핵심주제라 할 만한 '마음'의 문제, 즉 심성론에 대해 법장은 어떠한 배경 속에서 탐구했으며, 이를 통해 자신의 심성론을 어떻게 정초했는가에 대해 당시 불교계에 성행한 『십지경』과 『기신론』을 중심으로 살펴보았다. 여기서 중요하게 맞물려 드러나는 문제가 바로 유심唯心사상에 대한 해석과 각 종파의 교판론이다. 유심에서의 '심心'을 어떠한 마음으로 보느냐에 따라 불교 전체를 바라보는 사상적 입장이 달라지고, 자기 종파의 우위 여부가 가름되기 때문이다.

제3장에서는 법장 저술의 진위문제를 다루었다. 한 사람의 사상이 구체적으로 어떠한 성격을 띠고 있는가에 대해, 그의 사상 형성을 파악하기 위해서는 저술의 진위여부와 저작의 성립시기를 분명히 하는 것이 좀 더 명확한 지름길일 것이기 때문이다. 그런 의미에서 중국 화엄교학을 실질적으로 체계화한 법장의 교학을 뒷받침하는 저술의 진위여부를 여러 경록과 전기류, 그리고 법장 자신의 찬술을 중심으로 하여 살펴보았다. 이를 위해 저술서의 찬호撰號에 의한 연대 추정과 역경 삼장 간의 교류를 검토하고, 저작 상호 간의 인용에 의한 전후관계 및 교리 내용으로부터의 규정이라는 관점에서 면밀히 고찰하였다.

마지막 장에서는 법장의 화엄교학을 본격적으로 논하였다. 즉 그의 화엄교학에 담긴 핵심 사상을 '교상즉관법教相即觀法', '일승一乘사상',

'신만성불론信滿成佛論'의 세 가지로 정리하여 검토하였다. 법장의 화엄교학은 교리를 떠나서 관법, 즉 법을 관상하는 실천체계가 따로 있는 것이 아니라 '교상즉관법'이라는 입장을 취하는데, 왜냐하면 그의 사상은 단순히 이론만을 전개하는 것이 아니라 그 이론을 근거로 한 실천이 반드시 뒤따르기 때문이다. 이를 통해 법장의 화엄사상은 고도의 교학체계일 뿐만 아니라 동시에 탁월한 실천체계이기도 하다는 것을 보여주고 있다. 또한 법장은 종래의 일승사상一乘思想에 대해 상대적 입장이 아닌 절대적 입장에서 화엄이 별교일승別敎一乘이라고 주장하고 있다. 이를 통해 법장은 화엄이 단지 철학적 이론에 그치는 것이 아니라 오히려 현실 긍정적 사상임을 논증하고자 했는데, 과연 그가 일승사상을 통해 무엇을 주장하려고 했는가를 『오교장』을 중심으로 고찰하였다. '신만성불론'은 법장에 의해 별교일승의 성불론으로 자리매김하게 된 신만성불의 문제를 『오교장』과 『탐현기』를 중심으로 고찰한 것이다. 법장은 신信의 작용을 최대한으로 해석하여 신만信滿으로도 성불한다고 주장함으로써 출발점이 곧 도달점이라는 일승원교의 성불론을 명확히 하였으니, 이는 범부적인 보살로서의 중생에 초점을 맞춘 성불론이라 하겠다.

화엄사상은 유한한 것과 작은 것 속에서 무한하고 크나큰 것을 보고자 하는 것이다. 본서는 전환기의 철학으로서 현대에 접목시킬 수 있는 사상을 재발견하고자 시도한 것이다. 꽃향기는 바람을 거슬러 가지 못하지만, 위대한 인물의 사상은 바람과 역사를 거슬러 오늘날까지도 널리 퍼지고 있는 것은 다행이다.

8

본서를 출판하기까지 필자가 진 빚들은 엄청나다. 먼저 법장이 펼친 화엄교학의 중요성과 가치를 필자에게 인식시켜 준 유학시절의 이시바시(石橋)·카기누시(鍵主) 선생님 두 분의 은혜를 비롯하여, 꼼꼼히 교정을 봐준 불교대학원 장미란 겸임교수, 색인작업을 도와준 박사과정의 정완스님, 이석환, 오명지 양에게도 많은 신세를 졌다. 특히 도서출판 운주사 김시열 사장님의 불교서적 간행에 대한 열의와 헌신적인 노력은 감동적이라 하지 않을 수 없다. 감사의 뜻을 전하고 싶다.

멈추지 않고 길을 가는 사람에게는 늘 다다르는 곳이 있고, 쉬지 않고 일하는 사람에게는 늘 이루어지는 것이 있다고 한다. 그렇게 살고 싶다.

불기 2555년(2011) 섣달 좋은 날
동악의 연구실(圓敎之室)에서
계환 합장

제1장 법장의 전기 자료와 생애

1. 전기 자료의 개관

법장(法藏, 643~712)이 불교사 속에서 차지하는 위상을 알려주듯이, 그의 전기적 자료는 20여 종이나 된다. 먼저 법장에 관한 일차 자료로는 최치원崔致遠의 『법장화상전法藏和尙傳』[2]과 염조은閻朝隱의 『강장법사 지비康藏法師之碑』[3] 두 가지를 들 수 있다. 그리고 이에 기초한 『송고승전 宋高僧傳』·『불조통기佛祖統紀』·『역대통재歷代通載』·『석씨계고략釋氏

---

1 吉津宜英, 「法藏傳の研究」, 『駒大佛敎學部硏究紀要』 37, 1979, pp.168~193에서 23종에 이르는 자료를 『五祖略記』의 기사를 표준으로 연대순으로 열거하여 상세하게 검토하고 있지만, 화엄종에 관한 최후의 자료인 『賢首宗傳燈錄』에 대한 언급은 없다.

2 『법장화상전』(『대정장』 50, pp.280下~289下, 『속장경』 134, pp.261左下~271右上, 『한불전』 3, pp.768~782).

3 『강장법사지비』(『대정장』 50, p.280中~下).

稽古略』등과 후대에 저술된『오조략기五祖略記』와『현수전등록賢首傳燈錄』[4]이 있다. 또한 중요한 것으로『연의초演義鈔』・『석문정통釋門正統』・『감응략기感應略記』・『화엄지험기華嚴持驗記』・『화엄연기전華嚴緣起傳』등을 들 수 있을 것이다. 또 법장전이라는 체제로는 정리되어 있지 않지만, 법장의 전기에 관한 자료로『간정기刊定記』・『개원록開元錄』・『감응전感應傳』・『행원품초行願品鈔』・『회현기會玄記』・『융흥통론隆興通論』등이 있다. 일본측 자료로는『법계의경法界義鏡』・『통로기通路記』등에 그의 전기가 수록되어 있다.

또한 법장 자신의 저작 중에도 전기에 관한 문헌이 몇 가지, 즉『화엄경전기華嚴經傳記』・『탐현기探玄記』・『반야심경약소般若心經略疏』・『입능가심현의入楞伽心玄義』등이 있다. 이것은 모두가 2차 자료에 불과하지만 법장의 경력을 파악하는 데에 참고할 만한 것들이다.

따라서 우선 앞에 열거한 사료가 법장의 전기를 어떻게 취급하고 있는가를 자료의 성립과 특색을 포함하여 자료가 만들어진 연대순으로 개관해 보고자 한다.

먼저『화엄경전기』는 법강 이전에 화엄을 신봉한 이들의 전기이지만, 의외로 법장 자신이 직접 견문한 것에 기초한 기사가 많아서 법장전의 자료로서 충분한 가치를 가진다. 즉 곽신량廓神亮의 감응뿐만 아니라 지바하라(地婆訶羅, 日照)와 실차난타實叉難陀의 행적 등 법장이 친히 견문한 것도 수록되어 있어 법장의 전기를 구성하는 데에 귀중한 자료로 활용할 수 있다.

---

4 中條道昭,『賢首傳燈錄』(『華嚴經研究』2, 東京: 山喜房仏書林, 1985), pp.285~347.

　다음으로 역시 법장 자신의 저작인 『탐현기』·『심경약소』·『입능가
심현의』 등에 보이는 기사는 앞서 언급한 『화엄경전기』에 비해 간략하
지만, 전자에는 법장의 화엄교학 형성에 지대한 영향을 주었다는
기사, 즉 지바하라로부터 인도의 교판을 듣고 계현戒賢과 지광智光의
논쟁[5]을 청취하였다는 기사가 있다.

　또한 『심경약소』는 그가 찬술하게 된 과정에 대한 설명이 수록되어
있어 그 찬술연대의 파악이 가능하고,[6] 『입능가심현의』도 역시 특이한
기사는 없지만 장안長安 2년(702) 미타산彌陀山 삼장三藏이 중국에
와서 『입능가경入楞伽經』의 번역을 감수하는 데 참여하였다는 사실과,
그 번역의 완성 과정을 상세히 기술하고 있다.[7]

　다음으로 법장이 입적한 이듬해(713)에 세워진 『강장법사지비』는
다른 사람에 의해 가장 이른 시기에 세워진 것으로 자료적 가치가
매우 크다. 이것은 후대 법장전의 찬술에도 크나큰 영향을 준 것으로
보인다. 이 비문에는 염조은[8]의 직책이 비서소감秘書少監으로 되어

---

5 이미 『오교장』 4(『대정장』 45, p.501上)에서 依他性起의 有執과 空執에 관련하여
　淸弁과 護法의 논쟁을 거론하고 있지만 이것은 日照에게서 들은 것은 아니다.
　이 문제에 대해 深浦正文, 『唯識學硏究』上, 「護法淸弁の論爭の眞僞」(京都: 永田文
　昌堂, 1954), p.139에서 이 논쟁은 사실로서 있었다기보다도 玄奘의 三時敎와
　基의 교판 등에서 힌트를 얻은 듯하다고 한다.
6 『탐현기』 1(『대정장』 35, p.123上, p.162中, p.253下 등) "法藏 長安 2年(702)
　於京淸禪寺 飜經之暇 … 持此心經數千万遍 心游妙義 口誦靈文 再三慰懃 令出略疏"
7 『반야심경약소』(『대정장』 33, p.555上) "尋奉勅令 再譯楞伽 文猶未畢 … 至長安二年
　有吐火羅三藏彌陀山"
8 전기는 『舊唐書』 190中(列傳 第140中 文苑中), 『新唐書』 202(列傳 第127 文藝中)에
　나와 있다.

있기 때문에 그가 그 직책에 있던 광천연간(光天年間, 712~713)에 저술한 것이 분명하고 더욱이 비문에 법장의 입적시기를 712년으로 기록한 것을 볼 때, 이 비문이 713년에 쓰여졌음을 알 수 있다. 주로 조정과의 관계를 중심으로 기록한 듯한 감이 있다.

이와 같은 관계에서 비문의 내용을 살펴보면, 후세에 나온 법장의 전기류와 크나큰 차이를 보이고 있다. 왜냐하면 법장과 관련한 신이神異는 전혀 기록되어 있지 않고 세속적인 측면에서의 법장전이라는 성격이 보다 강하게 나타나 있기 때문이다.

다음으로 법장의 직계제자의 손에 의해 쓰여진 전기가 있었다고는 하지만 현존하지 않기 때문에[9] 상대적으로 『간정기』에 보이는 기사는 상당히 중요하다.

본서에 기록된 법장전의 기사를 살펴보면, 우선 실차난타實叉難陀의 『80화엄』의 역경에 참가하고, 더욱이 일조日照가 역경한 「입법계품入法界品」의 한 문장을 『80화엄』에 상당부분 보충하였다. 그 외에 『80화엄』의 번역 이후 법장이 불수기사佛授記寺에서 처음으로 강론할 당시에 대지진 등 불가사의한 일들이 발생하였다고 한다. 이 기사는 이후의 법장전에는 대부분 수록되어 있으나 그 출전이 현존하지 않는『장공별록藏公別錄』[10]이라는 점에서 아쉽다. 왜냐하면 『간정기』의 기록도 역시 『별록』에서 나온 것이기 때문이다. 또한 같은 문하의 제자인 경행사經

---

9 법장의 직계제자인 慧苑에게 『纂靈記』 5권이 있다고 한다. 坂本幸男, 『華嚴教學の研究』, 「慧苑の著作」(京都: 平樂寺書店, 1956), pp.22~44에 상세하게 기록되어 있다.

10 이 책에 대해서는 최치원도 전하고 있다. "案纂靈記云 西京華嚴寺僧千里 撰藏公別錄 縷陳靈跡"(『대정장』 50, p.280下).

行寺 혜영慧英의 『화엄경감응전華嚴經感應傳』[11]도 이 불수기사의 신이를 서술하여 스승의 신통력에 경도되었음을 보여주고 있다.

가장 완비된 경록經錄인 『개원록開元錄』에는 잘 정리된 법장전이 수록되어 있을 뿐만 아니라, 무주조武周朝 시대에 번역 삼장의 역경 작업을 수행하여 활약한 사람들 중의 한 사람으로 기록되어 있다.

『화엄경감응전』은 앞에서 언급하였듯이 법장이 불수기사에서 행한 신이를 전한 그의 제자 혜영이 편찬한 2권으로 이루어진 책이지만, 나중에 거사 호유정胡幽貞에 의해 건중建中 4년(783)에 한 권으로 필삭筆削되었다고 전해진다.

다음으로 징관澄觀의 『연의초』에는 현담玄談 속의 「전역감통傳譯感通」에 구나발타라求那跋陀羅·륵나마제勒那摩提·두순杜順 등과 함께 법장전이 수록되어 있다. 여기에는 모친이 임신할 때 일광日光을 삼켰다는 태몽, 운화사雲華寺에서 강강講綱을 행할 때의 감응, 더욱이 『금사자장金師子章』의 인용[12] 등이 처음으로 나온다.

종밀宗密의 『행원품소초行願品疏鈔』는 『연의초』처럼 정리된 법장전은 아니지만 주목할 만한 기사가 있다. 그것은 법장의 '입내설법入內說法'이다. 즉 『연의초』에는 『금사자장』에 대한 언급이 보이지만, 측천무후와의 관련은 언급되어 있지 않다. 이후의 『법장화상전』·『송고승전』·『오조략기』 등의 여러 전기가 전하는 입내설법의 기술은 가필한

---

11 『화엄감응전』(『대정장』 51, p.176上) "詔請藏公 於佛授記寺 講此新經 至華藏世界品 講堂及寺院 地皆震動擧衆驚異"

12 『金師子章』의 인용기사는 『傳譯感通』의 기사(『대정장』 36, p.116上中)에서가 아니라 『疏』의 "第三約位明入法界"를 해석한 것(p.656中)에서 보인다.

18

것에 불과하다.[13]

여기서 『행원품소초』의 입내설법을 살펴보면

화엄華嚴 제3조인 강장국사康藏國師는 측천무후則天武后를 위하여
금사자金師子를 가리키며 육상원융六相圓融을 설법하였다. 그것이
바로 금사자장이다.[14]

라고 기술하였지만, 문제는 본서가 징관의 『행원품소』를 주석한 것인
데 여기에는 이러한 기록이 보이지 않는다는 점이다. 더욱이 생전의
법장과 교유가 있는 사람들, 예를 들면 혜원, 혜영 및 비문을 쓴
염조은 등의 저술에도 앞서 언급한 기록이 남아 있지 않는 까닭은
무엇일까. 이는 아마도 종교가로서의 신이는 구전되는 데에 비해,
사회적 명예에 관한 것은 종교가여서 고려 대상에서 제외되었기 때문
일지도 모른다.

그것은 『강장법사지비』에 '법사기소기의法師冀掃其衣 선열기식禪悅
其食'이라고 기록한 것과 혜원이 『간정기』에서 '법사法師'·'국사國師'·
'대사大師'라는 말은 사용하지 않고 단지 '화엄화상華嚴和尙'이라고만
부르고 있는 예 등은 일맥상통하는 점이라고 할 것이다.

다음으로 법장의 전기로 가장 상세한 것을 들면 신라 최치원의
『법장화상전』과 속법續法의 『오조략기』이지만, 그중에서도 후자는
법장의 입적 후 약 천여 년이 경과한 강희康熙 19년(1680)에 편찬되었

---

13 小林實玄,「華嚴法藏の事傳について」(『南都佛敎』 36, 1976), pp.45~50.
14 『행원품소초』 6(『속장경』 7, p.487右上).

다. 이러한 시간의 경과 이후의 저술이라는 것을 고려해볼 때, 『오조략기』가 어떻게 여러 자료를 정밀히 조사하여 편찬되었는지가 분명하지 않을 뿐만 아니라, 그 사료적 가치도 그다지 중요하지 않다고 할 수 있다.[15] 역으로 말하면, 그 정도로 법장의 전기 자료로서의 『법장화상전』이 갖는 가치는 매우 중요하다고 할 것이다.

그런데 『법장화상전』은 후서後序에 의하면[16] 천복天復 4년(904) 봄, 최치원이 신라의 가야산 해인사 화엄원에서 난을 피하고 요양하는 중에 쓴 것이다. 여기에는 이전의 법장전과 다른 새로운 사실이 14가지 정도 수록되어 있는데, 그것은 조칙에 의해 사찰에 기거하며 전쟁에서의 승리를 기원하기도 하고, 기후의 불순함을 바로잡고자 하는 등의 신통력을 발휘하는 면이 강조되어 있다. 또한 독자적인 방법에 의해 법장의 전기를 새롭게 정리하고 있는데, 그 방법 및 자료의 위치 부여에 대해서는 나중에 살펴보기로 한다.

다음으로 찬영贊寧의 『송고승전』은 당唐 중엽 이후 송宋 초기에 이르는 고승의 전기임에도 불구하고 법장전은 특히 자료가 부족할 뿐만 아니라, 『법장화상전』은 물론이고 『강장법사지비』도 보이지 않는 것은 납득할 수 없다.[17] 그렇지만 이후의 법장전은 『송고승전』의 기사에 전적으로 의존하여 만들어진 경향이 보인다.[18] 여기서 법장은

---

15 木村清孝, 「崔致遠撰法藏和尚傳考」(제4회 『國際佛敎學術會議要旨』, 大韓傳統佛敎硏究院, 1981), p.63.

16 『法藏和尚傳』(『대정장』 50, p.285下) "于時天復四春 枝幹俱首 於尸羅國伽耶山海印寺華嚴院避寇養痾 兩㿇其便"

17 만약 비문을 보았다고 한다면 示寂年月을 명기하였을 것이다.

18 吉津宜英, 앞의 논문, p.181.

「의해편義解篇」에 수록되어 있는데 새로운 기사로는 현장의 역경사업에 참가하였다는 것, 두순의『법계관문法界觀門』을 지엄智儼에게서 받았다는 것, 거울의 설법, 징관이 법통을 이어받고 법장은 제3조가 되었다는 것 등이 있다. 따라서 이후의『회현기會玄記』는『송고승전』을 비판하고 최치원의『법장화상전』을 보지 못한 것을 안타깝게 여기고 있다.[19]

다음으로 조수祖琇의『융흥통론隆興通論』은 후한 명제에서 송 초에 이르는 주요 불교 사건을 편년체로 기술한 것이기 때문에 법장의 전기는 남아 있지 않지만 관련기사가 두 가지[20] 있다. 종감宗鑑의『석문정통釋門正統』(1237)에도 역시 법장전의 새로운 기사는 전혀 보이지 않는다.

다음으로 지반志磐의『불조통기佛祖統紀』(1269)도 천태종을 정통으로 하는 입장에서 쓰였기 때문에 대개『융흥통론』을 답습한 것에 불과하다고 하겠다.

그런데 여기서 또 한 가지 주목해야 하는 것은 다른 종파의 책에서는 확실히 '현수종賢首宗'으로 부르고 있다는 것이다.『석문정통』과『불조통기』가 천태종에 관련한 책이기 때문에 더욱 그러하다. 중국불교사에서 쌍벽으로 불리는 천태종의 사람들이 그렇게 호칭하고 있기 때문에 13세기에는 '현수종'[21]이라는 명칭이 공식화되었다고 할 수 있다.

---

19 『화엄현담회현기』38(『속장경』12 p.304左下) "傳記互有出沒學者 又不編錄 恐祖師 行述後人闕聞故 上來備編首末 唯此一傳 未得崔氏廣本爲恨耳"

20 『융흥통론』14(『속장경』130, p.281左上).

21 이때까지는 '현수종'의 初祖는 杜順으로 되어 있다. 나중에 언급하는『賢首傳燈錄』

다음으로 응연凝然의 『통로기通路記』에 보이는 법장전에서 당唐의
대화상大和尙이라고 불리는 감진(鑑眞 687~763)의 증계証戒가 되었다
는 기사는 중국의 전승[22]에는 없는 것이다.

또한 보서普瑞의 『화엄현담회현기華嚴懸談會玄記』는 징관의 『화엄
현담』에 주석한 것이지만 『송고승전』의 전거로서 불분명한 기사에
대해 비판하고, 특히 법장이 현장삼장의 역경장에 참가하였다는 것은
잘못된 것이라 하였다.[23] 이것의 진위를 살펴보기는 불가능하지만
전기의 오류를 지적함으로써 경계로 삼은 것은 주목할 만한 일이라
하겠다.

그리고 염상念常의 『불조역대통재佛祖歷代通載』(1341)의 법장전에
관한 기사[24]는 대부분이 『융흥통론』을 답습하고 있다.

각안覺岸의 『석씨계고록釋氏稽考錄』(1354)의 병신만세통천원년丙
申萬歲通天元年 696조에 법장전, 징관전과 종밀전이 수록되어 있다.
이 기사에는 위의 책이 『송고승전』을 참고하였다고 기록되어 있으나,
법장이 입적한 연월年月에 대해서는 언급한 것이 없다. 다만 화엄초조
인 두순부터 화엄오조까지 기록하고 있고, 태원사와 불수기사에서
있었던 신이를 2가지 들고 있다.[25] 이것만 보더라도 당시에는 『강장법

(1804)에서는 화엄종의 초조는 두순이지만 현수종으로는 법장이 초조로 되어
있다. 따라서 후대에 이르면서 법장이 높은 평가를 받았음을 알 수 있다.

22 『唐大和上東征傳』(대정장 51, p.988上)에도 보이지 않는다.

23 법장이 득도할 때(670)에는 현장은 이미 입적(664)한 이후이기 때문에 연대적으로도
법장이 현장의 역경장에 참석하였다는 것은 논리적으로 맞지 않다.(『會玄記』,
『속장경』 12, p.304左上).

24 『역대통재』 12(『대정장』 49, pp.584中~585下).

사지비』와『법장화상전』이 있었는지조차 알려지지 않았고, 또한 중시되지도 않았던 것 같다.

다음은『화엄경』의 영험기에 속하는 것으로『감응략기感應略記』와『화엄지험기華嚴持驗記』및『화엄연기전華嚴緣起傳』등에 보이는 법장전[26]은 각각 영험담과 신이를 전할 뿐 새로운 기사는 전혀 보이지 않는다.

속법續法의『법계종오조략기法界宗五祖略記』는 그 제목에서도 알 수 있듯이 법계종, 즉 화엄종 5조의 전기를 수록한 책이다. 수집된 자료를 사실로 하여 연대순으로 배열하고 있을 뿐으로『법장화상전』과 같이 독자적인 방법도 볼 수 없다. 그러나『법장화상전』에 의한 것이라고 말하면서도 신이와 감응에 대한 기사는 그대로 수록하지 않고 대부분 역경에 관한 기사만을 수록한 점[27]에 이 책의 특색이 있다.

마지막으로『보통현수전등록寶通賢首傳燈錄』(1804)[28]은 법장전뿐만 아니라 화엄오조는 물론이고 원·명·청대 화엄종의 전등에 대한 명맥을 기록하고 있다. 그런데 화엄종이라는 통칭은 화엄오조에만

25 『석씨계고략』3(『대정장』49, pp.831上~中).

26 『감응략기』(『속장경』134, pp.285左下~286右上),『화엄지험기』(『속장경』134, p.304右上~左上),『화엄연기전』(『속장경』134, p.293左下).

27 垂拱 3년(687)에 西明寺 立壇의 기사(『대정장』50, p.283下)와 天冊萬世年間(695)에 기후의 불순함을 바로잡은 것은 연대가 분명한데도 기재되어 있지 않다. 또한 『법장화상전』에 기재되지 않은 彌陀山과 義淨의 역경장에 참석하고 있었음을 전하고 있다.『오조략기』(『속장경』134, p.274右下~左上).

28 中條道昭, 주4와 동일.

한정되고 이후에는 현수종으로 부르고 있다.

여기서 쓰인 '현수종'이라는 호칭은 이미 거론하였던 종감의『석문정
통』에서「현수상섭재기賢首相涉載記」라 하고, 지반의『불조통기』에서
「현수종교지賢首宗敎志」라 하기 때문에 소위 화엄종에 대한 일반적인
호칭방법이어서 그것을 그대로 받아들인 것이다.

그런데 내용에 대해서는 초조 두순에서부터 제5조 종밀까지『오조
략기』와 한 글자도 다르지 않고 완전히 동일하다. 그 다음으로 거론되
고 있는「현수종사조」부터는 조등祖燈을 중시하는 시대에 살았던 현수
종의 인물들이 자신들의 계보를 주장하지 않으면 안 되었던 입장에서
편집된 것으로 여겨진다.[29] 그들이 법장을 종파의 조사로 삼고서 '현수'
라는 말을 사용하여 화엄종을 지속하고자 한 것은 주목할 만한 가치가
있다.

이상으로 법장전의 인용이 보인다거나 혹은 법장과의 관련기사를
담고 있는 24종의 자료를 개관하였다.

여기서 이러한 자료가 만들어낸 법장의 인물상은 크게 2가지로
살펴볼 수 있을 것이다. 그 하나는 화엄종 내부에서의 것이고, 다른
한 가지는 외부적인 요소이다. 우선 전자의 계통상의 책들을 살펴보면
법장 자신의 저작인『화엄경전기』, 혜영의『화엄경감응전』, 징관의
『연의초』, 속법의『오조략기』·『현수전등록』등으로 이어진다. 그러
나 비록 종문의 사람이 아니라 하더라도 최치원의『법장화상전』은

---

[29] 中條道昭, 앞의 책, p.286의 해설부분.

『연의초』와『오조략기』의 사이에 들어갈 수 있을 것이다. 왜냐하면 『연의초』의 전기는 종밀의『행원품초』에서 인용된 것보다 대부분 『법장화상전』이 인용되고, 더욱이 이것은 연대의 차가 있지만『오조략기』에 계승되고 있기 때문이다. 그 특징으로는『화엄경』의 상서로운 세계의 선양과 동시에 법장이『화엄경』의 강설 및 당시의 감응을 나타내고 신이를 보이는 종교가로서의 면모가 뚜렷이 나타나 있고, 역경사업에서 보인 그의 활동상도 강조되어 있다.

한편, 화엄종 외부로는 염조은의『강장법사지비』가 선두적 역할을 하였고, 뒤이은『개원록』과『송고승전』및『석문정통』·『불조통기』로 이어지는 것이 주된 흐름일 것이다.

그러나 이러한 관점에도 문제는 있다.『개원록』이 목록적인 성격을 발휘하여 법장의 역경사업에서의 활약상을 전하고 있기는 하지만, 다음의『송고승전』은「비문」도 보지 않은 채 작성하였기 때문에 가장 중요한 전기가 불완전한 것으로 된 것이다. 그러나 천태종을 정통으로 하는 두 가지의 책에서 현수종이라고 불린 것은 역시「비문」에서의 당과 무주武周 양 왕조와의 관계를 나타내는 기사와『송고승전』에서의 측천무후와의 인연 및 현수국사의 사호賜號 등의 영향일 것이다. 따라서 전자에서 보이는 종교가의 측면에 비하여 외부에서 보는 법장전의 특징은 교학자로서의 사회적 측면에 초점이 두어진 것이라고도 말할 수 있다.

2. 생애

법장(643~712)의 속성은 강康씨이며 강거국康居國[30] 사람이다. 그의 어머니가 꿈에 이상한 빛을 삼킨 이후 그를 임신하였고, 정관貞觀 17년 11월 2일에 태어났다. 16세에 법문사法門寺 사리탑 앞에서 연비공 양을 하고 불승佛乘을 깨닫고자 맹세하고, 다음해 법을 구하고자 태백 산으로 입산하였다. 그래서 운화사雲華寺에서 지엄智儼의 『화엄경』 강론을 듣고 그의 제자가 되었으며, 26세에는 서역존자西域尊者가 『화엄경』에 통달한 법장을 칭송하였다고 한다. 지엄이 입적할 때에 법장을 도성道成과 박진薄塵 두 대덕大德에게 위촉하고 28세 때에는 측천무후의 어머니인 영국榮國부인의 죽음을 애도하기 위하여 무후가 창건한 태원사太原寺에서 득도하였다. 32세 때에는 무후가 주선하여 10대덕으로부터 구족계를 받고 현수賢首라는 칭호를 사사받았으며, 태원사에서 『화엄경』을 강론하였다고 한다. 37세 때 하용사何容師 및 700인을 위하여 『화엄경』을 강독 사경하였고, 제齊를 베풀어 그들을 구제하였는데 그때 감응이 있었다고 한다. 38세 때에는 일조삼장日照 三藏을 만나서 그의 역경사업에 참여하였다. 40세 때에는 곽신량이라 는 자가 도솔천에 가서 소생하였던 사람의 이야기를 전하였는데, 거기서 도솔천의 보살이 그에게 왜 『화엄경』을 강하지 않는가라고

---

30 康居國에 대해서는 羽溪了諦, 『西域之佛教』, 「康居國の佛教」(上海: 商務印書館, 1956), pp.215~231에서 초기 중국불교의 본원지로서 번영한 나라이고, 또한 康僧會 ·康僧鎧 등 康이라는 글자를 사용한 불교인 성씨가 많았고 옛날 상업중심의 국가였 다고 한다.

질문하여 강할 사람이 없다고 대답하자, 현재 현수보살이 있지 않느냐는 질책을 받았다는 말이 소개되어 있다. 이것은 법장의 강설이 하늘에까지 알려졌음을 나타내는 것이라 할 것이다. 42세 때에는 서태원사西太原寺에서 일조삼장과 같이 역경작업을 하는 중에 서역에도 교판敎判과 같은 것이 있는가라는 질문에 일조는 계현戒賢과 지광智光의 삼종교三種敎를 설명하고, 그들 상호간에 치열한 논쟁을 전개하고 있음을 전하였다. 같은 해 왕명간王明幹이라는 자가 지옥에 갔지만 『화엄경』의 '파지옥게破地獄偈'를 독송하여 3일 만에 소생한 영험담이 기록되어 있다. 그리고 44세 때에는 자은사慈恩寺에서 『화엄경』을 강론하고, 45세에는 조칙에 따라 서명사西明寺에서 입단立壇하였다고 한다. 47세 때는 제운반야提雲般若가 승천하자 『화엄경』을 독송하였는데 영험이 있었다고 하며, 48세에는 하주夏州로 갔고, 49세에는 조모에게 병문안을 하고자 증주曾州로 가서 외도와 논쟁을 벌여 그를 논박하였다. 그리고 50세부터 2년간 운화사에서 『화엄경』을 강론할 당시에 입에서 빛이 나와 천개天蓋가 되어 공중에 머물렀다. 52세에 「십지품」을 강론할 때에도 하늘에서 꽃이 내려오고 오색의 구름이 하늘을 덮었다는 등의 감응이 있었고, 53세에는 실차난타實叉難陀의 『80화엄』 역경을 돕고, 또한 천기의 불순함을 바로잡았다고 한다. 54세에는 태원사에서 『화엄경』을 재차 강론하고, 55세에는 조칙에 의해 전승을 기원하는 불공을 올렸으며, 57세에는 문중의 선배인 의상義相에게 자신의 저술과 편지를 보내고, 불수기사佛授記寺에서 『80화엄』을 처음으로 강론할 즈음에는 대지진 등의 불가사의한 신이가 일어났으며, 같은 해에 일조가 역경한 「입법계품」의 한 문장을 『80화엄』의 상당부분에 보충하였다고 한다. 58세에는 실차난타가 『입능가경入楞伽經』을 역경하고, 60세에는 실차난타의 『문수수기경文殊授記經』의 역경 및 자신의 『심경략소心經略疏』의 저술과 미타산의 『입능가경』의 역경이 완료되었다고 전한다. 61세에는 의정의 역경사업에 참여하였다. 62세에는 내도량內道場에서 화엄법회를 열 즈음에 두 개의 부도에서 오색의 빛이 발했다는 것을 들은 측천무후가 장생전長生殿으로 법장을 초청하여 화엄의 깊은 뜻을 묻자, 법장은 구석에 있던 금사자를 가리키며 설법을 하였는데, 이것이 나중에 『금사자장金獅子章』이 되었다고 한다.

이어서 기주岐州 사리舍利의 인연이 서술되어 있다. 63세에는 미타산의 역경사업에 참여했고, 또한 장역원張易元의 난에 공을 세워서 홍로경이라는 직함이 내려졌으나 고사하였다. 64세에는 보리유지菩提流志의 『보적경寶積經』 역경사업에 감수로 참여하였고, 66세 여름에는 기우제를 지내자 곧 감응하여 비가 내렸다. 또한 중종의 보살계사菩薩戒師가 되어 국일國一이라는 호를 받았다고 한다. 그래서 다섯 곳에 화엄사를 창건하고, 의정삼장의 『칠불약사경七佛藥師經』의 역경을 도왔다. 68세에는 보리유지의 『보적경』이 역경되어 나올 때 황제가 친히 필수筆受를 하였다고 하며, 그때 실차난타의 입적을 전해 들었다. 70세에는 예종睿宗의 보살계사가 됨과 동시에 예종의 탄생일에 초청되어 황제의 장수를 기원하였다. 그리하여 대천복사大薦福寺에서 세수 70세 승랍 43세를 일기로 입적하였고, 동월 24일에 매장하였다고 한다.

그의 제자로는 굉관宏觀・문초文超・동도화엄사 지광東都華嚴寺智光・하은사 종일荷恩寺宗一・정법사 혜원靜法寺慧苑・경행사 혜영經行寺

慧英 등이 있고, 그들의 저작도 열거되어 있다.

이상 여러 자료에서 보이고 있는 법장전의 내용을 종합적으로 정리하며 연대순으로 살펴보았다. 그러나 연대가 불확실한 몇 가지와 분명히 잘못된 자료는 제외시켰다.[31]

3. 『법장화상전』의 역사적 의의

『법장화상전法藏和尙傳』은 최초로 저술된 본격적인 법장의 전기로, 내용의 상세함과 신빙성에서 아주 중요한 것이지만, 후대에 끼친 영향이 생각보다 크지 않았다는 설도 있다.[32]

그런데 근래 섬서성陝西省 부풍현扶風縣에 위치한 법문사法門寺의 지하궁전에서 부처님의 진신사리 네 과와 당대唐代의 진기한 문화재들이 많이 출토됨으로서 『법장화상전』이 전하는 기사의 신빙성을 증명시켜 주었다.[33] 따라서 여기서는 『법장화상전』의 사료적 가치와 그 성격을 새음미함과 동시에 이에 상응하는 위치로 자리매김하고자 한다.

본 전기는 후기에 의하면[34] 신라 천복天復 4년(904)에 저술된 이후 고려 선종宣宗 9년(1092)에 판본으로 주조되었고 그 판본을 모본으로

---

31 예를 들면 玄奘의 역경장에 참가, 鑑眞의 証戒가 되었다는 것, 그리고 거울의 설법 등이다.

32 吉津宜英, 「法藏傳の硏究」, p.108.

33 鎌田茂雄, 「賢首大師法藏と法門寺」(『인도학불교학연구』 38-1, 1989), pp.232~237.

34 『대정장』 50, pp.285下~286中.

『속장경續藏經』에 수록하였으나 이후의 간행은 알 수가 없다. 그리고 고려 때에 간행된『속장경』은 소흥紹興 15년(1145) 의천義天에 의해 송에 보내졌고 당시 화엄종의 찬술서와 함께 송에서 유통되었다. 뒤이어 정원淨源의 법손法孫인 원증국사圓證國師 의화義和가 염조은의 『강장법사지비』를 붙여서 소흥紹興 19년(1149) 본전을 판각하였다.[35]

이리하여 송에서 복간된 것이 일본에 전해져 고산사본高山寺本으로 되었고,[36] 그것을 제운노사齊雲老師가 관문寬文 10년(1670)에 전사轉寫 하였지만,[37] 봉담(鳳潭, 1657~1738)이 다시 판각할 때 문장의 뜻이 맞지 않는다고 하여 일부를 고쳤고, 원록 12년(1699)에『신간현수국사 비문전서新刊賢首國師碑文傳敍』를 앞에 붙여 다시 간행하였다.[38] 이것 이 즉『만속장경卍續藏經』에 수록된 것이다.

이러한 봉담의 행위를 비판한 용화도충(龍華道忠, 1652~1744)은 고산사본과 대조하여 오류를 시정하고 새롭게 간행하였다.[39] 그래서 『대장경大正藏』에는 봉담본과 현재의 정오正誤가 동시에 수록되어 있다.[40]

그러면『법장화상전』의 구성을 살펴보기 전에 앞서 언급한 법문사 불사리를 봉안한 기사에 대하여 잠시 검토해 보기로 한다.

---

35 『대정장』50, p.286中.

36 大屋德城,『高麗續藏彫造巧』(京都: 便利堂, 1937), pp.98~99.

37 『대정장』50, p.289中.

38 鳳潭,「新刊賢首國師碑傳敍」(『대정장』50, p.280上).

39 「新刊賢首國師碑傳正誤」(『대정장』50, p.286下).

40 또한『한불전』에는『속장경』의 기사가『崔文昌侯全集』에는『대정장』의 기사를 수록하고 있다.

장안 4년 겨울, 내도량에서 … 기주岐州의 사리탑에 이르렀는데 이것
은 아육왕의 영적이다. 즉 위서魏書에 적혀 있는 부풍탑扶風塔이
이것이다. 측천무후가 특히 봉각시랑박릉鳳閣侍郞博陵 최현위崔玄暐
에게 명하여 법장과 함께 법문사에 가서 이를 맞이하게 하였다.
그때 법장은 대숭복사의 사주寺住였다. 드디어 응應대덕과 강綱율사
등 10인과 함께 탑 앞에 이르러 7일간을 기도한 후, 이를 개봉하자
신기한 빛이 영롱하더라. 법장은 어릴 때 연비를 한 사실이 새삼스럽
게 떠올랐다.[41]

즉 무후가 최현위崔玄暐와 법장에게 불사리의 봉영을 명하고, 그때
대숭복사의 주지인 법장은 응대덕應大德·강율사綱律師 등 10인과 같이
법문사 사리탑에 가서 7일간에 걸쳐 기도하였다고 하며, 더욱이 이곳
은 옛날 법장이 연비한 곳이기도 하다. 따라서 16세 때에 가본 아육왕
사리탑은 법문사의 사리탑이라는 것도 알 수 있지만, 무엇보다도
주목해야 할 것은 이 사리 봉영의 기사가 『법장화상전』에만 수록되어
있다는 점이다.
  최치원이 이 자료를 어디서 원용하였는지는 분명하지 않다. 하지만
최치원의 전기에서 그가 17년간(869~885)이나 당나라에서 체재하였
다는 것과 법문사에서 전후 6회[42]에 걸친 사리 봉영 중에서 6번째는

---

41 『법장화상전』(『대정장』 50, pp.283下~284上).
42 陳景富, 「關于法門寺歷史的幾個問題」(『人文雜誌』, 1988)와 『法門寺』(長安佛敎硏
    究叢書, 西安: 三秦出版社, 1988)를 인용하고 있는 鎌田茂雄, 앞의 논문, p.233에
    의하면 제1회는 顯慶 4년(659)부터 龍朔 2년(662) 2월15일에 이르는 기간에 사리의
    奉迎式이 행해지고 있다. 제2회는 측천무후 왕조 長安 4년(704) 10월, 제3회는

감통感通 14년(873)에 행해졌다는 것을 비교해 보면, 그 사리 봉영의
행사를 실제로 관람하였을 가능성도 있다. 이와 같이 생각해 보면
법장전 저술 시에『강장법사지비康藏法師之碑』에 실려 있는 연비의
기사를 보고서 법문사 사리 봉영과 연결시켰음이 분명하다고 하겠다.
그 증거로서『진신보탑비명병서眞身寶塔碑銘竝序』에 법장의 이름이
보이고 있기 때문이다.[43]

　그런데『법장화상전』은 서론과 전기 및 후기로 되어 있다. 우선
전자에서는 사마천의 입전사실을 고려하여[44] 법장의『화엄삼매관』에
설명되어 있는「직심십의直心十義」에 의해 이 전기를 구성한다고 밝히
고 있다.[45] 즉 최치원은 한 사람의 생애를 불교사상의 내용에 입각하여
의미를 부여하고자 한 것이다. 바꾸어 말하면 역사적 사실을 묘사함에
화엄의 만수滿數로서 표현하였다는 것은 한 인간의 생애를 불교화하는
것이기도 하다. 바로 이러한 의미에서「직심십의」와 관련시킨 것이다.
이것은 최치원의 독자적 방법으로서, 그 내용에 있어서는 이미 연구[46]

肅宗 上元 원년(760), 제4회는 德宗 貞元 6년(790) 정월, 제5회는 憲宗 元化 14년
(819) 정월, 제6회는 懿宗 感通 14년(873) 3월이다. 이 중에서 법장이 활약한
시기는 제2회 奉迎式 때이다.

43 陳景富, 앞의 논문, 부록비문. 鎌田茂雄, 앞의 논문, p.236. "勅大周西□□□法藏彎
台□□□□□□公曄同往開之"에 의한다.

44 『법장화상전』(『대정장』50, pp.280下~281上) "故太史公每爲大賢 如夷齊孟軻輩立
傳 必前寇以所聞 然後始著其行事"

45 『대정장』50, p.261上. "仰彼圓宗列其盈數 仍就藏所著華嚴三昧觀直心中十義而配
譬焉"

46 湯次了榮, 『華嚴大系』(東京: 國書刊行會, 1918), pp.47~70; 高峯了州, 『華嚴思想史』
(京都: 百華苑, 1942), pp.209~216; 小林實玄, 앞의 논문, pp.25~53; 吉津宜英,

32

되어 있기 때문에 여기서는 「직심십의」와 직결시켜 무엇을 말하고자 하였는가라는 전기의 성격에 주목하고 싶다.

첫째로 족성族姓과 광대심廣大心을 결부시키고 있다. 족성이란 인간의 탄생을 의미하는데, 그 자체를 광대심으로 보고 있다. 즉 인간의 정신적 탄생을 일체의 법을 여여하게 관觀하는 마음인 광대심의 서원으로 본 것이다.

둘째로 유학遊學과 심심심甚深心[47]을 결부시키고 있다. 유학은 구도를 의미하며, 구도 그 자체를 진여眞如의 근원까지 다하는 마음으로 보고 있다.

셋째로 삭염削染과 방편심方便心[48]을 결부시키고 있다. 삭염은 출가를 말하는데, 그 출가를 방편심으로 본 것이다.

넷째로 강연講演과 뇌고심牢固心[49]을 결부시키고 있다. 강연은 즉 강학이지만, 그것을 괴로움도 즐거움으로 받아들이고 포기하지 않는 마음인 뇌고심이라 한 것이다.

다섯째로 전역傳譯과 무간심無間心[50]을 결부시키고 있다. 전역은 역경인데, 이것을 진리를 관찰하기를 미래가 다하도록 끊임없는 무간심에 비유한 것이다.

여섯째로 저술著述과 절복심折伏心[51]을 결부시키고 있다. 인간의

앞의 논문, pp.169~193.

47 『대정장』 50, p.281中 "甚深心 誓願眞如 要盡源底乎"
48 『대정장』 50, "方便心 推求簡擇 趣眞方便乎"
49 『대정장』 50, p.281下 "牢固心 說逢極苦 樂受心觀 心不捨離乎". 여기서는 '牢'라고 하지만, 『발보리심장』(『대정장』 45, p.651上)에서는 '堅固心'으로 되어 있다.
50 『대정장』 50, p.282中 "無間心 觀其眞理 盡未來際 不覺其久乎"

저술을 모든 망상을 일으키지 않고 본심이 지속되는 절복심으로 보고 있다.

일곱째로 수신修身과 선교심善巧心[52]을 결부시키고 있다. 인간의 수신을 조용히 진리를 관하여 사물에 따르면서도 구애됨이 없이 만행을 닦는 선교심으로 본 것이다.

여덟째로 제속濟俗과 불이심不二心[53]을 결부시키고 있다. 제속은 속세를 제도하는 것인데, 이것을 세속을 제도하는 것은 진과 속이 둘이 아니라는 불이심으로 보고 있다.

아홉째로 수훈垂訓과 무애심無碍心[54]을 결부시키고 있다. 수훈은 광대한 교육을 말하는데, 인간의 교육 그 자체를 현실에 구애받지 않고 자유자재로 활용하는 무애심에 비유한 것이다.

열째로 시멸示滅과 원명심圓明心[55]을 결부시키고 있다. 시멸은 열반이며, 이것을 법계를 관찰함에 장애됨이 없고 방해됨이 없는 원명심으로 본 것이다.

이상과 같이 최치원은 탄생 때부터 불변을 서원하는 광대심에서 출발하여 최후에는 무엇에도 구애받지 않는 생사해탈의 원명심으로 끝마치고 있다. 여기서 인용되고 있는 「직심십의」가 설명되어 있는 『화엄삼매관』은 현존하지 않으며, 단지 『화엄삼매장』과 『발보리심

51 『대정장』 50, p.283中 "折伏心 或若失念 煩惱暫起 卽便觀察折伏 使觀必相續乎"
52 『대정장』 50, p.283下 "善巧心 靜觀眞理 不碍隨事 修萬行乎"
53 『대정장』 50, p.284下 "不二心 隨事萬行 與一味眞理 融無二乎"
54 『대정장』 50, p.285中 "不碍心 理事旣全融不二 還令全理之事 互相卽入乎"
55 『대정장』 50, p.285中 "圓明心 頓觀法界 無障無碍乎"

장』의 첫머리에서 그 인용이 보인다. 그러나 이것을 사람의 생애와 관련시킨 것은 오직 최치원뿐이다. 그러므로 그를 화엄학에 정통한 사람이라고 평하였던 것이다.[56]

그렇지만 이렇게 독자적인 방법을 가지고 앞서 언급한 것처럼 다양한 관계문헌을 수집하여 초출의 기사를 14군데나 지적하고 있는데도 후대에까지 미친 영향은 매우 적어서 구체적으로는 『오조략기』의 표본 정도에 그칠 뿐이다.

반면에 만일 중국에서 『법장화상전』이 묘사한 법장 및 화엄종의 이미지가 일반화되었다면 후대 중국인들이 받아들인 화엄종의 이미지도 상당히 달라졌을 것이고, 더 나아가서는 중국불교사 그 자체도 현재와는 판이하게 변했을 것이 아닌가라는 평가[57]는 정확한 지적이라 할 것이다. 한편 일본에는 일찍이 전해져 화엄종에서 전승되고 있었던 것이다. 또한 영험한 자로서의 입장에서 법장의 이미지를 조명할 필요가 있다는 지적[58]은 시사하는 바가 크다고 여겨진다.

이상으로 법장이 어떠한 인물인가를 밝히고자 법장전에 관한 여러 자료의 개관 및 최치원이 저술한 『법장화상전』을 검토하였다.

법장은 전제정치라는 체제하에서 무후의 불교보호에 편승하여 무주 武周朝라는 국가권력의 지지를 받았고, 또한 화엄교학의 성립이라는 면에서는 전적으로 유식을 비판하고 화엄을 보호하는 입장에서, 오로

56 吉津宜英, 앞의 논문, p.180.
57 木村清孝, 앞의 논문, p.65.
58 鎌田茂雄, 앞의 논문, p.237.

지 지엄이라는 한 스승만을 섬긴 그의 인물상이 어느 정도 부각된 것으로 생각된다.

그리고 『법장화상전』 기사에서 나타난 정확하고 독자적인 방법에 의한 서술 등을 통하여 첫 번째로 종래 법장의 이미지, 즉 화엄종의 대성자이자 교학자로서의 법장의 이미지가 아니라 종교적인 신비함을 행하는 영험자로서의 측면을 갖춘 인물로 전해지고 있는 점, 두 번째로 한 인간의 생애를 불교사상의 내용에 입각하여 의미를 부여한 점 등은 재평가 받아야 할 것으로 여겨진다.

제2장 법장교학의 사상적 배경

1. 법장교학의 심성론

고도로 발달된 현대문명에서 많은 사람들이 가장 절실하게 찾고자 하는 것은 '마음'이 아닐까? 마음은 어떤 사람에게도 가장 소중한 것이기 때문이다. 그러나 막상 "마음이란 무엇인가"라는 질문 앞에는 의견만이 분분하게 된다.

그러므로 인간의 여러 가지 과제 가운데 끊임없이 거론되고 반복되는 것이 바로 마음이다. 심리학적 관심, 의학적인 연구, 철학적인 문제의식, 또는 생의 근원을 묻는 종교적인 방법 등 여러 관점에서 마음을 밝히려는 노력이 진행되는 이유도 여기에 있다.

종교적인 면에서 마음의 문제를 가장 깊이 있게 추구한 것은 불교이다. 불교에서의 마음은 무상하고, 염념생기念念生起이며, 찰나생멸刹那生滅하는 것으로, 이는 구체적 실체로 파악되는 것은 아니다.[1] 따라서 마음은 실체적으로 존재하는 것이 아니라 신체적 물질의 현상, 또는 기능을 가리키는 경우도 있다.

한편, 서양사상사의 측면에서 마음은 '심장'에 머문다고 생각하였다. 그러나 이러한 사고는 18세기에 들어서 변화하게 되었다. 바로 '뇌수腦髓'에 마음의 기능이 있다고 생각하게 된 것이다. 이에 비해 동아시아의 한자문화권에서는 양자를 따로 구분하지 않는다. 생리적 기관과 정신적 기능을 분리하지 않고 양자를 모두 '마음'이라 부른다. 이것은 추상적이고 분석적인 사고에 민감하지 못하기 때문이다.[2] 또한 추상적인 사유보다 직관적인 체험을 중시한 결과이기도 하다.

이렇게 마음의 기능을 열거하자면 끝이 없을 것이다. 그중에서도 특히 '유심', 구체적으로 말하면 '삼계유심三界唯心'에 주목해야 한다. 왜냐하면 삼계유심이 지니는 의미는 물론이거니와 '유심게唯心偈'에서 설하는 마음과 행위의 비유도 '마음의 기능적 역할'을 중시한 것이기 때문이다.

그런데 화엄교학이 형성되는 기반으로 유심의 입장이 원용된 것은 화엄교학의 심성론으로서 특히 유의해야 할 것이다. 그러나 유심이 화엄교학의 고유한 사상은 아니며, 유심의 근거가 되고 있는 『십지경』의 고유한 사상도 아니다. 왜냐하면 대승불교 가운데 유식사상 및 여래장사상도 각각 유심을 본격적으로 추구한 것이며, 그 밖의 여러 대승경전에서도 유심의 의미를 찾아볼 수가 있기 때문이다.[3]

1 雲井昭善, 「ヨーガ學派における心」(『佛敎思想』 9, 京都: 平樂寺書店, 1984), p.622.
2 中村元, 「心の反省」(『心』, 東京: 平樂寺書店, 1984), p.2.
3 玉城康四郎, 「唯心の追究-思想と體驗との交涉-」(『華嚴思想』, 京都: 法藏館, 1982),

그러므로 이 분야에 대한 연구도 많다.[4] 그러나 유심게와 삼계유심의
연관성 및 법장교학을 중심으로 하여 심성론에 대한 연구는 아직까지
부족한 실정이다.

　그런 의미에서 본 절에서는 마음에 대한 사상, 즉 유심사상이 어떠한
사상사적 조류 속에서 성립하고, 또한 후대 불교에 대하여 어떤 영향을
끼쳤으며, 그 의의는 무엇인가 하는 점을 살펴보고자 한다. 따라서
유심게와 삼계유심에 대한 법장의 이해를 통하여 유심의 진상이 파악
되며, 이는 바로 유심이 화엄의 심성론으로서 법장(法藏, 643~712)의
교학체계 가운데 어떻게 위치하고 있는가 하는 점에 대한 고찰이
될 것이다.

1) 『십지경』에 보이는 심성론

(1) 마음의 개념

마음의 연구는 일체의 연구라고 한다. 특히 불교에서는 더욱 중요한
연구과제이다. 근본불교 이래 천 년간의 인도불교사상사는 마음에
대한 발견의 역사이자, 마음의 전개사이다.[5] 이는 사성제·팔정도·십
이인연·삼법인·윤회 등의 교설이 모두 마음에 의한 연기에 근거하여

---

p.335.

4　문헌학적 측면에서 다룬 연구로는 山口益의 「華嚴經唯心偈の文獻學的解釋」이
　있고, 교리사적 관점의 연구로는 舟橋尙哉의 「唯心と唯識」(『佛敎思想』 9, 京都:
　平樂寺書店, 1984)이 있다. 또한 玉城康四郎의『心把捉の展開』(東京: 山喜房佛書
　林, 1961)는 불도실천의 주체적 해명을 시도한 것이며, 『南都佛敎』 61·62호는
　'유심게'를 특집으로 다루고 있다.

5　工藤成性, 「唯識敎學より見たる心の構造」(『南都佛敎』 7, 1959), p.2.

설해지고 있는 점에서도 뚜렷이 드러난다.

원래 한자의 '마음 심心'자는 사람의 생리적인 심장을 본 뜬 글자로서 인간 존재의 중심적인 기능을 의미함과 동시에 마음이라는 의미로 사용하게 되었다고 한다.[6] 한편 마음을 의미하는 범어의 명칭은 여러 가지가 있으나 가장 빈도가 높은 것은 citta(심心)·manas(의意)·vijñāna(식識)이다. 이 가운데 일반적으로 심心은 취집聚集이라든가 집기 集起라는 의미이고, 의意는 사량思量, 식識은 요별了別의 의미로 해석되고 있다.

이러한 심心·의意·식識에 대한 차별의 유무 여부에 대하여 『대비바사론大毘婆娑論』에서는 6설을 들고 있다.[7] 즉 제1설은 무차별이라 하고, 제2설은 이름이 차별한다고 한다. 제3설은 과거를 의, 미래를 심, 현재를 식이라 부른다. 제4설은 시설施設에 차별이 있다고 한다. 이것은 오온과 십이처와 십팔계 가운데 계界에 심을, 처處에 의를, 온蘊에 식을 시설한다고 설한 것이다. 그리고 제5설은 뜻에 차별이 있다는 것이고, 제6설은 업에 차별이 있다고 보는 설이다. 이와 같이 여러 설이 있지만, 심·의·식은 명칭상의 차별뿐이라는 것이 일반적인 견해이다.[8]

이외에도 불교에서는 sattva라는 말도 자주 사용되고 있는데, 한역에서는 중생 또는 유정有情이라고 번역하고 있다.[9] 이 경우, 정情은 바로

---

6 藤堂明保, 『漢字語源辭典』(東京: 學燈社, 1965), p.808.

7 『대정장』 27, p.371中.

8 福原亮嚴, 「心の構造」(『佛敎學硏究』14·15, 1957), p.12.

9 中村元, 앞의 책, p.11 참조. 불전의 最古層에서는 sattva를 '인간의 본질' 또는

'마음'이라는 의미이기 때문에 '마음이 있는 것', 즉 '생명이 있는 것'이
되지만 실제로는 인간만을 의미하는 경우가 대부분이다.

그렇다면 다른 동물 혹은 식물에게도 마음이 있는가? 그 마음이란
무엇인가? 그리고 몸과 마음은 따로 있는가? 등의 질문은 예로부터
수많은 종교나 철학자들이 의문을 가져온 문제들이다.

마음에 대한 정의는 각양각색이다. 현대과학의 입장과도 다르다.
그들은 일단 마음이 정신적 영역의 어느 한 부분을 뜻하는 것이라고
여겨, 뇌가 감정을 나타낼 수 있는 상태가 되어야 한다고 한다. 따라서
마음은 젖먹이동물에서 처음 나타났고, 이것은 곧 마음이 지구상에
2억 3천만 년 전에 비로소 나타나기 시작하였다고 한다.[10]

그렇다면 초기경전에서는 마음을 어떻게 설하고 있는가. 먼저 『잡아
함경雜阿含經』에서는

> 마음이 괴롭기 때문에 중생이 괴로워하고 마음이 청정하므로 중생
> 이 청정하다.[11]

라고 하며, 또한 『반니원경般泥洹經』에서

> 도는 마음에 따라 생하고, 마음이 청정한 이는 곧 도를 얻는다.[12]

'心身'의 의미로 사용하고 있다고도 한다.

10 박순달, 「마음은 언제 지구상에 나타났는가」(『人類文明과 圓佛教思想』, 圓佛教出
版社, 1991), p.1283.

11 『잡아함경』 10(『대정장』 2, p.69下) "心惱故衆生惱 心淨故衆生淨"

고 하였다. 마음이 괴로운 것도 그 괴로움을 해결하는 것도 실은 마음에 달린 것임을 알 수 있다. 이와 같이 마음의 구조라든가 본체에 대한 설명보다도 오히려 마음의 자세를 더욱 비중 있게 다루고 있음을 볼 수 있다. 그 대표적인 예가 『법구경』에 보인다.

마음은 모든 것의 근본이 된다. 마음은 주主가 되어 모든 일을 시키나니 마음속에 악한 일을 생각하면 그 말과 행동도 또한 그러하리라. 그 때문에 괴로움은 그를 따르리라. 마치 수레를 따르는 수레바퀴의 자취처럼. 마음은 모든 일의 근본이 된다. 마음이 주가 되어 모든 일을 시키나니 마음속에 착한 일을 생각하면 그 말과 행동도 또한 그러하리라. 마치 형체를 따르는 그림자처럼.[13]

여기서도 마음을 어떻게 쓰느냐에 따라 세상의 모습이 완전히 다르게 비친다는 의미이다. 이러한 사상은 결국 후대 『십지경十地經』에서는 삼계유심사상三界唯心思想으로 발전하게 된다.

(2) 마음의 본체

마음과 상대적인 것이 신체이다. 그러므로 신체와 완전히 단절된 마음을 설정하고 구체적으로 실재하는 신체를 제외한 채 마음에 관한

---

12 『반니원경』下(『대정장』1, p.177中) "道從心生 心淨者乃得道"

13 *Dhammapada* 1-2. 이외에도 제3장 「心意品」 가운데 33-39, 42에서는 마음에 대한 반성이 절망적인 여운으로 서술되어 있고, 43句에서 비로소 벗어날 수 있는 방법으로써 마음이 설해져 있다.(김달진 번역, 『법구경』, 현암사, 1978 참조)

것만 생각하는 것은 불교가 아니다. 왜냐하면 신체와 밀접하게 관계하는 심신일여心身一如로서의 마음을 문제로 삼아야 하기 때문이다.

그런 의미에서 마음의 본체로서의 인간존재의 근거와 그것에 의한 참된 인간적 모습의 완성을 살펴보고자 한다.

먼저 『화엄경』 「야마천궁보살설게품」에 나오는 비유에 의하면,[14] 화가는 청·황·적·백 등의 물감을 자유자재로 사용하여 그림을 그린다. 그러나 그 원소와 색의 관계에서 보면, 형식으로 표현되어 있는 색은 여러 가지이지만 원소의 입장에서 보면 같은 것이다. 즉 현상이 현상으로서 어떤 구체상을 나타내는 것은 사실이지만 그것을 성립시키고 있는 근원적인 것에 시야를 넓히지 않으면 안 된다.

다시 말해서 요소로서 사대四大의 체를 여의고 채색으로서의 구체상이 있는 것은 아니다. 또한 물감 그 자체는 그림이 아니므로 양자를 혼동해서는 안 되지만, 물감을 떠나 그림이 있는 것도 아니다. 그와 마찬가지로 화가의 창작의욕과 그 표현으로서의 작품이 같은 것은 아니지만, 작품이 없이는 화가도 있을 수 없다는 것이다. 그림 그리는 일을 떠나서는 화가가 화가일 수 없다고 한다면 화가와 작품은 각기 다른 개체이면서도 화가는 작품일 수밖에 없다. 즉 작품으로서 자신을 표현할 수밖에 없다는 사실도 인정해야만 할 것이다.

그러나 화가가 화심畵心에 의해 여러 가지 작품을 그린다고 해서 반드시 화심을 아는 것은 아니다. 자신의 마음이지만 자기 마음대로 되지 않기 때문이다. 스스로 어찌 해볼 수도 없는 면을 내포하고

---

14 『대정장』 9, pp.465下~466上.

있는 것이 바로 화가의 화심이다. 결국 작품을 만든다고 하더라도
완성되지 않으면 알 수 없는 것임은 일상생활에서도 자주 일어나는
일이다.

그러므로 유심게唯心偈[15]에서 화심에 비유되고 있는, '무량난사의無
量難思議'로 표현된 근본심은 모든 형상 있는 것을 만들어내면서도
제각기 서로 알지 못한다고 하는 점과 일맥상통한다고 하겠다. 바로
이 '각각불상지各各不相知'에 대하여 법장은 화가가 화심을 알지 못하는
것은 연기를 알지 못하기 때문이라 하고, 이어서 다음과 같이 서술하고
있다.

나툰 바 화색畵色은 변화된 상相에 비유하여 나타낸 것이다. 각기
마음에 따라 나타나는 체를 서로 알아야만 하는 것은 아니다. 또한
화가가 그림이 마음으로부터 나타난 것임을 알지 못하는데, 이는
모든 중생이 자신의 마음에 미혹함을 비유한 것이다.[16]

말하자면 나타난 일체법과 그것을 나타낸 근본심은 서로 간에 체로
서 아는 것이 아니라는 것이다. 바꾸어 말하면 연기에 대한 무지無知는

---

15 유심게라는 호칭은 明慧(1173~1232, 일본 화엄종의 중흥조사)에 의해 붙여진
  것 같으나 확실하지 않다. 그에게는 『華嚴唯心義』 2와 『如心偈釋』 1이 있을 뿐만
  아니라 十偈 가운데 뒤의 4게송을 유심게라고 한다. 그러나 법장이 이 부분의
  설명에서 유심게라고 특별히 명명하고 있지는 않다. 한편 일본에서는 '如心偈'라고
  도 불린다.
16 『탐현기』 6(『대정장』 35, p.215下) "顯所現畵色喩所變相 各從心現無體可相知
  後半畵師 不知此畵皆從心現 喩諸衆生迷自心量"

자연히 그렇게 되는 것이지 그것을 안다고 하는 의식작용에 속하지
않는다는 의미일 것이다. 그러므로 화가가 자신이 그린 그림이 전부
자신의 마음이 나타난 것임을 모르듯이, 중생도 자기 마음의 소현所現
에 미혹된다는 지적이다.

그렇다면 중생은 자신을 성립시키고 있는 자기 마음을 알 수 없다는
의미이며, 더구나 마음 그 자체도 어떠한 형태로 나타난 것인지 모르는
것이 된다. 왜냐하면 연기에 의해 그와 같이 존재할 뿐이므로 무지라고
할 수밖에 없기 때문이다.

그러나 또한 그 마음은 유심게의 주제인 "마음·부처·중생의 셋은
차별이 없다〔心佛及衆生 是三無差別〕"에서 말하는 마음이기도 하다. 이
게송의 전제가 되는 "마음과 같이 부처도 또한 그러하다〔如心佛亦爾〕"에
대하여 법장은 다음과 같이 설명하고 있다.

> 마음이 불佛을 일으킴을 밝히는 것 가운데 마음과 같이 부처도
> 또한 그러하다. 마음이 범부를 만드는 것처럼 부처를 만듦도 또한
> 그러하다. 모두 다 마음으로부터 일어난다.[17]

즉 범부의 세계를 만들어내는 것과 마찬가지로 범부를 초월한 이로
서 존재하는 부처를 만드는 것도 유심의 마음이라는 것이다. 그러나
한편으로는

---

17 『탐현기』 6(『대정장』 35, p.215下) "心起佛中 如心佛亦爾 將凡類佛 如心造凡作佛亦
爾 皆從心起"

일체 중생은 다 진眞에 의해 연기하며, 본식심本識心은 명언名言·유지有支·아견我見 등의 훈습에 따라 육도六道의 몸을 나타낸다.[18]

라고 설하고 있다. 즉 본식심本識心으로서의 아뢰야식이 근본이 되면 명언名言, 유지有支, 아견我見 등 업의 훈습에 의해 육도윤회를 하게 되는데, 그것은 소위 아뢰야식연기阿賴耶識緣起라 불리는 중생 본연의 자세가 단순히 허망식의 근본적 형태를 의지처로 삼고 있지는 않기 때문이다. 다시 말해 전혀 이질적인 진실, 즉 진여에 의해 연기하고 있다는 정도의 이해라고 할 수 있다.

이와 같은 관점에서 보면, 유심이라고 불리는 마음은 그 체에서 범부를 만듦과 동시에 부처도 만든다. 그러므로 범부를 만드는 것이 생멸심生滅心이고, 부처를 만드는 것이 불생멸심不生滅心이라는 설명[19]도 가능한 것이다. 뿐만 아니라 이 양자를 성립시키는 마음이야말로 유심의 당체로서, 이것이 바로 후대에 여래장자성청정심如來藏自性淸淨心이라고 불리는 것이다.[20]

그러나 법장은 『탐현기探玄記』에서

처음에 연기가 있지 않다고 하는 것은 진여문이기 때문이고, 뒤에

---

18 상동(『대정장』 35, p.215中) "一切衆生皆依眞緣起 本識之心隨名言有支我見等薰 有六道身現"

19 『화엄유심의』 上(『일불전』, p.42) "第八賴耶識 生滅不生滅有二分 有爲無爲二法和 合 云不生滅 如來藏自性淸淨心也"

20 鍵主良敬, 「唯心の體について」(『南都佛教』 61·62, 1989), p.120.

연기를 부정하지 않은 것은 생멸문이기 때문이다. 따라서 존괴存壞
가 둘이 아니라 오직 일연기一緣起이며, 이문二門이 무애함은 오직
일심一心인 까닭이다.[21]

라고 하여, 유심으로서 일심이 가지는 연기적 모습을 서술하고 있다.
여기서 연기한다는 사실조차도 성립하지 않게 되는 진여문과 마음에
따라 유전하는 현실은 있다고 하는 생멸문은 사물의 진실한 모습의
이면성으로서 둘 다 성립할 수 있다는 의미일 것이다.

지금까지 마음이라고 하는 그 자체는 어떠한 것인가 하는 관점에서
고찰하여 보았다. 결국 그 마음은 중생이 유전하는 현실을 있게 하는
당체임과 동시에, 그것을 부정하여 부처의 출현을 가능하게 한다.
그러므로 중생의 구체상인 미망을 유有라 한다면 그것을 부정하는
『탐현기』 6(『대정장』 35, p.215下)의 불佛은 공空으로서의 진여 실현이
지만, 전혀 상반되는 양자를 동시에 성립시키는 것이 바로 마음의
본체이다. 즉 부처를 볼 수 있는 마음은 부처를 만드는 마음이자,
또한 모든 것을 만들어내기도 하는 진여 그 자체인 것이다.

2) 유심사상과 법장의 유심게 해석

(1) 유심사상의 원류

유심사상을 논하는 경우, 유심이라는 단어가 직접 나오지는 않지만
빼놓을 수 없는 것이 『유마경』이다. 『유마경』에는 "그 마음이 청정함을

---

21 『탐현기』 6(『대정장』 35, p.215中) "約初緣起不存 是眞如門故 約後緣起不壞
是生滅門故 是故存壞無二 唯一緣起二門無碍 唯是一心故"

따라 불국토도 청정해진다"[22]라는 유명한 경구가 나온다. 그러나 이 말은 실은 『상응부경전』에서 그 원류가 보이고 있다. 즉

비구들이여, 마음이 괴롭기 때문에 중생이 괴롭고, 마음이 청정하므로 중생이 청정하다.[23]

이는 결국 불교에서 말하는 신구의 삼업 가운데 의업意業, 즉 마음을 중요시한 것으로 마음의 자세, 마음가짐에 의해 환경도 다르게 보인다는 의미를 강조하고 있다. 이를 더욱 발전시킨 것이 바로 유심사상이다.

그리고 유심이라고 표현한 최초의 경전은 분명하지 않으나[24] 유심의 전거가 되고 있는 『십지경』에는 유명한 '삼계유심三界唯心'이 설해져 있다. 여기에 대해서는 많은 학자들이 이미 지적하고 있는데, 예를 들면 '십이유지十二有支가 일심에 의지한다'라든가, '십이유지는 일심에 있다'라고 하듯이, 소위 십이연기와 유심을 관련시켜 설명하고 있다.[25]

더구나 『십지경』의 삼계유심은 유식교학에 있어서 '삼계유식三界唯識'[26]의 교증教證이자 중요한 전거가 되기도 하다. 또한 『반주삼매경般

---

22 『유마경』上(『대정장』 14, p.538下) "隨其心淨 則佛土淨"

23 『잡아함경』 10(『대정장』 2, p.69下) "心惱故衆生惱 心淨故衆生淨"

24 최초로 사용한 용례가 보이는 것은 『십지경』과 『반주삼매경』(『대정장』 13, p.905下) 일지도 모른다(舟橋尙哉, 앞의 책, p.227)고 하지만, 高崎直道, 「唯心と如來藏」(『佛教學』 9·10, 1980, p.53)에서는 어느 경전인지 분명하지 않다고 한다.

25 坂本幸男, 『華嚴教學の硏究』(東京: 平樂寺書店, 1956), p.353; 三枝充悳, 「緣起と唯心」(『華嚴思想』, 東京: 春秋社, 1982), p.235.

舟三昧經』에서도

> 스스로 욕처欲處, 색처色處, 무색처無色處를 염념한다. 이 삼처는
> 마음이 짓는 바일 뿐이다.[27]

라는 경구가 보이고, 이것에 해당하는 『대집경大集經』의 부분을 보면 "지금 이 삼계는 오직 마음에서 있을 뿐이다"[28]라고 하여, '삼계유심시심三界唯心是心'이라는 단어가 분명히 보인다. 이외에 삼계유심을 설하는 경전으로서 『제불요집경諸佛要集經』에는 "욕계, 색계, 무색계는 심상心想이 만들어내는 것이다"[29]라고 하며, 다시 『불승도리천위모설법경佛昇忉利天爲母說法經』에서도 "삼계는 마음이 만드는 것이다"[30]라고 하고, 이어서 "일체 삼계는 마음에 말미암는 것이다"[31]라고 말하고 있다. 그러나 가장 자세히 설명되어 있는 것은 역시 『화엄경』 및 『십지경』으로, 이들을 중심으로 하여 화엄교학 여러 곳에서[32] 유심에

---

26 세친의 『유식이십론』(『대정장』 31, p.74中)에서 "경 가운데 삼계는 오직 마음이라고 설하기 때문이다"라고 하여 유식교학의 설명에 인용하고 있는 등이다.

27 『반주삼매경』(『대정장』 13, p.899中) "自念欲處色處無色處 是三處意所作耳". 다음은 이 경에 대한 논문들이다. 櫻部建, 「唯心思想を盛つた般舟三昧經の一節について」(『大谷學報』 61-3, 1981), pp.1~7; 赤沼智善, 「般舟三昧經の研究」(『宗敎硏究』 4-1, 1927), p.2.

28 『대집경현호분』 1(『대정장』 13, p.877中) "今此三界唯是心有"

29 『제불요집경』 上(『대정장』 17, p.757下) "欲界色界無色界者 心想所生"

30 『불승도리천위모설법경』 上(『대정장』 17, p.788中) "其三界者心之所爲"

31 상동(『대정장』 17, p.789上) "一切三界心之所由"

32 『육십화엄』(『대정장』 9, p.427上).

50

대한 사상을 보이고 있다. 특히 유심게는 유심사상 그 자체라고도
할 수 있다.

이와 같이 유심사상은 앞서 언급하였듯이 화엄교학의 고유한 사상
은 아니나, 『십지경』 및 『화엄경』으로 대표되며, 중관과 유식사상
그리고 여래장사상의 입장에서 차지하는 비중도 적지 않다. 그러나
용수를 비롯하여 중관에서 주장하는 유심은 화엄의 유심과 유사하다
고 할 수 있지만, 유식사상에서 말하는 유심과 반드시 일치하지는
않는다. 왜냐하면 유식사상의 유심은 항상 '유식무경唯識無境'을 의미
하는 반면, 전자에서 말하는 유심은 '유식무경'을 의미하지 않기 때문이
다.[33] 다시 말해서 유식사상에서 유심과 유식은 동일시되거나 그다지
구별되지 않는 입장이다.

(2) 유심게의 의의

먼저 유심게唯心偈를 고찰하기 전에 유심이라는 용어가 어디서 비롯되
었는가를 살펴보자.

유심唯心이라는 한문은 중국고전에는 없는 것 같다.[34] 그러나 유심이
라는 단어가 중국고전에 없다고 해서 유심적인 사상까지 전혀 없었던
것은 아닐 것이다. 왜냐하면 심부心部에 수록되어 있는 단어만도 1,235
자나 되는 것으로 보아서 '마음'에 대한 중국인들의 비중을 짐작할

---

33 舟橋尙哉, 앞의 책, p.230; 雲井昭善, 「原始佛教におけるcittaの構造」(『佛教學』9,
  1980), p.40.
34 『大漢和辭典』2, p.1043에서 '唯心'의 출전을 밝히는 데에 현장이 번역한 『成唯識論』
  을 인용하고 있는 것으로 보아 고전에는 그 용례가 없었던 것 같다.

수 있기 때문이다. 뿐만 아니라 소위 신유학이라 불리는 송대宋代, 명대明代의 학문적 경향도 그것을 잘 대변해주고 있다.

그렇다면 어느 경전에서 제일 먼저 유심이란 단어를 사용한 것일까? 그것은 앞서 언급한 대로 『십지경』이다. 그러므로 먼저 경문 자체가 전하는 의미를 전체적으로 파악해 보기 위해 일단 대본인 『육십화엄』과 『팔십화엄』을 대조하여 본 후, 거기서 설하는 유심의 의미와 방향을 고찰하고자 한다.

① 유심게 대본의 대조[35]

	『육십화엄』	『팔십화엄』
1	예를 들면 그림 잘 그리는 화가가 여러 가지 채색을 칠해가는 것과 같다. (그는) 허망하게 여러 다른 색깔을 사용하지만, (그 색깔은 다) 사대(로부터 된 것으로) 차별은 없다.	마치 화가의 작용에 있어 화가가 여러 가지 채색을 칠해가면서 허망하게 여러 모양을 그리지만 대종大種은 차별이 없다.
2	(물론 이 경우) 사대 (그 자체는) 채색이 아니며, 채색은 사대가 아니다. (동시에) 본체를 떠나서 따로 채색이 있는 것도 아니다.	대종 가운데 색이 없고, 색 가운데 대종은 없다. 그러나 대종을 여의어서도 사대를 얻을 수는 없다.
3	(또한 화가가 그리는) 마음은 그려지는 색깔도 아니고, 칠해진 색이 마음도 아니지만, (그) 마음을 떠나서는 그려지는 그림도 없고 그림을 떠나서 마음도 없다.	마음속에 그림이 없고, 그림 속에 마음이 없지만, 그러나 마음을 떠나서 그림을 찾을 수도 없다.
4	그 마음은 항상 머물지 않고 무량하면서도 사량하기 어렵다. (그것은) 일체의 색을 나타내면서도 각기 서로를 알지 못한다.	저 마음은 항상 머물지 않고, 헤아릴 수도 없어 온갖 빛깔을 나타내지만 각각 서로서로 알지 못하나니.

---

35 『육십화엄』 10(『대정장』 9, pp.465下~466上), 『팔십화엄』 19(『대정장』 10, pp.102 上~102中). 이외에 티벳본이 있으나 한역 대본만을 위주로 하였다.

5	마치 훌륭한 화가가 (자신의) 그림 그리는 마음을 알지 못하는 것처럼. 마땅히 알라. 일체의 법은 그 성품도 이와 같다.	마치 화가가 자기 마음을 알지 못하지만 마음으로 그림을 그리나니, 모든 법의 성품도 그러하네.
6	마음은 화가가 여러 가지의 오음(으로부터 이루어진 사람)을 그리는 것처럼. 일체세계 가운데 법으로써 모든 것을 만들어내네.	마음은 화가와 같아서 모든 세간을 그려 내는데, 오온이 마음 따라 생겨서 무슨 법이나 갖지 못하는 것이 없네.
7	마음처럼 불도 그러하고, 불처럼 중생도 그러하네. 마음과 불과 중생 이 셋은 차별이 없네.	마음과 같아서 불도 그러하고 불과 같아서 중생도 그러하니, 부처나 마음이나 그 성품 모두 다함이 없네.
8	제불은 일체가 다 마음으로부터 나온 것임을 확실히 안다. 만약 능히 이와 같이 알면, 그 사람은 참 부처를 보리라.	마음이 모든 세간 짓는 줄을 아는 이가 있다면, 이 사람은 부처를 보아서 부처의 참 성품을 알게 되리라.
9	(그러나 그) 마음도 또한 이 몸이 아니며 몸도 또한 이 마음이 아니다. (더구나 양자는 서로 관계하여) 여태까지 있을 수 없을 정도로 일체의 불사를 행한다.	마음이 몸에 있지 않고, 몸도 마음에 있지 않지만, 모든 불사를 능히 지어 그 자재함이 미증유하니라.
10	만약 어떤 사람이 삼세의 일체제불을 알고자 한다면 마땅히 이와 같이 관해야 한다. "마음은 모든 여래를 만든다"라고.	만일 어떤 사람이 삼세의 일체불을 알려면 마땅히 법계의 성품을 관해야 한다. 일체는 오직 마음이 만든다는 것을.

② 법장의 유심게 해석

앞에서 보았듯이 전부 열 게송으로 구성되어 있으나, 법장은 이를 전반의 6게와 후반의 4게로 나누어서 설명하고 있다. 그는 스승 지엄智儼이 그다지 주목하지 않은 이 유심게에 대하여 상당히 자세한 해석을 하고 있는 편이다.

먼저 전반의 게송에 대해서는 '마음이 범부를 만드는 것을 밝힌 것'이라 하고 있다. 그러나 전체의 해석에 대한 기본적인 입장은 『기신론』에서의 일심에 대한 해석, 즉 심진여心眞如와 심생멸心生滅에 근거하여 진과 망, 진심과 연기의 관계에서 이해하고 있다. 그러므로

전반의 6게송에 대하여

> 일체 중생은 모두 진眞에 의지하여 연기한다. 본식本識의 마음이
> 명언名言·유지有支·아견我見 등의 훈습을 따라 육도의 몸으로 나타
> 난다. … 만약 연을 만나 진실하게 따르면 차별상을 당하여 오직
> 일진여一眞如가 되고, 말末을 섭하여 본本에 돌아가면 육도의 다른
> 형상은 오직 마음에서 변하게 된다.[36]

라고 하는데, 즉 앞부분이 심진여문이고 뒷부분이 심생멸문으로,
이 이문二門은 무애無碍이자 오직 일심一心이라는 해석을 덧붙이고
있다.

그 다음 후반의 네 게송에 대한 설명을 보자. 가장 중심적인 게송인
제1 게송의 "심불급중생心佛及衆生 시삼무차별是三無差別"에 대하여
두 가지로 해석하고 있다. 먼저 모든 것은 마음에서 일어나는 것이므로
마음도 부처도 중생도 차별이 없다는 점을 전제하고서

> 마음이 부처를 만들므로 마음과 부처는 다르지 않고, 마음이 범부를
> 만들므로 마음과 범부는 다르지 않다. 능의能依와 소의所依가 같기
> 때문에 차별이 없다.[37]

---

36 『탐현기』 6(『대정장』 35, p.215中) "一切衆生皆依眞緣起 本識之心隨名言有支我見
等薰 有六道身現 … 若會緣從實卽差別相盡唯一眞如 若攝末歸本卽六道異形唯心
而轉"

37 『탐현기』 6(『대정장』 35, p.215下) "心作佛 心佛無別 心作凡夫 心凡無別 能所依同
故云無別也"

라고 한다. 즉 심心·불佛·중생衆生은 차별이 없다는 것이다. 여기서는
『화엄경』의 내용 그대로를 답습한 듯한 느낌이지만, 다시 본말本末의
관계에서 세 가지로 설명하고 있다.[38] 첫째는 '유본唯本'의 입장에서
부처, 둘째는 '유말唯末'에서 소변所變의 중생, 셋째는 '구俱'로서 능변能
變의 마음이다. 이 셋은 본말의 관계이므로 서로 융통무애하다는
것이다. 그런 의미에서 심·불·중생이 무차별할 수가 있다는 설명이다.
그러나 현실적으로 중생은 범부로서 부처와는 현격한 차이가 있는
것도 사실이다. 저 멀리 떨어져 있는 부처와 중생은 바로 마음이
매개가 되어 무차별인 셈이다. 그렇다면 무차별은 중생의 번뇌가
무체無體임을 통찰하였을 때 비로소 가능한 것이다. 원래 무명이란
미혹의 세계에서는 강력한 것이지만 실은 신기루와 같이 실체가 없는
것이 아닌가. 중생의 번뇌가 실체가 없는 것이라면 그 본질은 부처와
다름이 없다. 이 점을 명확히 한다면 심·불·중생의 무차별은 당연한
것이 된다. 더구나 심·불·중생에서 마음이 중심이 되므로, 이런 경우
유심의 의미는 더욱 확실해진다.

　그러나 이 경우, 심·불·중생의 무차별은 중생 측에서 말할 수 있는
입장이 아니다. 왜냐하면 무명이 설사 실체가 없는 것이라 하더라도
범부에게 그것은 실재이며, 그로 인해 엄연히 고통을 받고 있기 때문이
다. 범부가 무명을 무시할 수 없듯이 중생의 입장에서 불범일체佛凡一體
를 주장하기는 어렵다. 그러므로 심·불·중생의 무차별은 결국 부처의
입장에서만 말할 수 있다.

---

38 상동(『대정장』 35, p.215下) "一唯本謂眞理以就性淨本覺名佛 二唯末謂所變衆生
　 三俱謂能變之心 以依眞能變故 此三緣起融通無碍"

그런 의미에서 법장도 '마음이 성인을 일으킨다'고 말했을 것이다.
이와 같이 어디까지나 '심불급중생 시삼무차별'의 무차별은 부처의
입장에서 말할 수 있는 유심이자 순수 청정한 일심, 자성청정심으로서
의 유심인 것이다.[39] 그러나 이러한 법장의 해석은 『기신론』의 추상된
관념을 빌린 것이므로, 그것이 아무리 훌륭한 구성이라 하더라도
게송 그 자체가 나타내고자 하는 원래 의미와는 무관한 것이라는
지적[40]이 제기되기도 한다.

그 다음 제2게는 전체의 대의가 바로 '그 사람은 진불眞佛을 보는
이익을 얻는 데 있다'고 한다. 여기서 말하는 진불은 다름 아닌 불신佛身
인 법·보·응신 가운데의 법신法身을 가리킨다. 이를 시사하듯이 제3게
의 설명과도 연관이 있다.

> 신심身心의 부즉불리不卽不離를 밝히는 데 있어서, 상반上半은 신심
> 身心이 서로 헤어지기 때문에 부즉不卽이고, 하반下半은 마음에 의해
> 몸이 나타나기 때문에 불리不離이다.[41]

라고 하는데, 즉 상반은 '마음은 몸이 아니고 몸 또한 마음이 아니다'는
두 구를 가리키며, 하반은 그 이하의 두 구이다. 거기서 몸과 마음은
부즉不卽이긴 하지만, 몸은 마음에 의해 나타나는 것이고, 더구나 몸을

---

39 佛 입장에서의 유심은 『화엄경』 전체에 흐르고 있다고 한다.(平川彰, 「緣起と性起」,
   『南都佛教』 61·62, 1989, p.8)

40 玉城康四郎, 「唯心偈と全人格的思性」(『南都佛教』 61·62, 1989), p.31.

41 『탐현기』 6(『대정장』 35, p.215下) "明身心不卽不離 上半身心相別故不卽 下半依心
   現身故不離"

나타냄으로써 자재로이 미증유한 작용을 하기 때문에 불리不離라는 의미이다. 다시 말해 마음과 불리不離하는 몸의 작용을 '자재미증유自在未曾有'라고 하여 불덕佛德을 찬탄하는 최고의 말로써 표현한 것이다.

제4게에 대해서는 게송 전체가 유심을 관觀하여 닦기를 권유하고 있다. 삼세의 일체불을 요지了知하고자 하는 것이 바로 구하는 바라면 유심의 도리, 즉 마음이 모든 여래를 만든다는 것을 관하라는 의미이다. 왜냐하면 마음은 진여이고, 마음이 진여임을 요지할 수 있다면 그것이 바로 여래이지만, 반대로 진여 이외에서 여래를 구한다면 오히려 여래로부터 멀어지기 때문이다. 그러므로 '심조제여래心造諸如來'를 관하라고 권한다.

그런데 이 마지막 게송은 『80화엄』에서는 "약인욕료지若人欲了知 삼세일체불三世一切佛 응관법계성應觀法界性 일체유심조一切唯心造"라고 되어 있는데, 바로 '파지옥게破地獄偈'라 불리고 있는 것이다. 이렇게 불리게 된 유래에 대해서는 여러 자료[42]에 인용되고 있으나 여기서는 법장의 『화엄경전기』를 통하여 살펴보자.

문명 원년(文明元年, 684) 경사(京師, 長安)에 왕씨라는 사람이 있었다. 그는 그때까지 계에 어긋나는 행동은 하지 않고, 그렇다고 선을 닦은 일도 없었으나 병에 걸려 죽었다. 그래서 두 사람에게 끌려 지옥문 앞까지 온즉, 그 앞에서 한 사람의 승려가 "나는 지장보살이다"라고 하면서 왕씨에게 한 게송을 외우도록 가르쳐 주었다.

---

42 『연의초』16(『대정장』36, p.116, p.324中), 『화엄경감응기』(『대정장』51, p.175下).

그것은 "만약 사람이 삼세의 일체불을 알고자 한다면 이와 같이 관찰해야 한다. 마음이 모든 불을 만드는 것이다"라고 하는 것이었다. 보살은 이 경문을 주고 나서 왕씨에게 "이 게송을 암송하고 있으면 지옥에서 벗어날 수가 있을 것이요" 하고 알려 주었다. 왕씨는 그것을 완전히 암송한 후, 드디어 지옥에 이르러 염라대왕을 만나자 대왕이 물었다. "너는 어떤 공덕이 있는가?" 왕씨는 대답하였다. "나는 그저 4구로 된 한 게송만을 수지하고 있을 뿐이다" (하면서 게송 내용의) 자세한 것을 앞서 말한 그대로 암송하였다. 그러자 대왕은 왕씨를 풀어주었다. 뿐만 아니라 그가 마침 이 게송을 암송하였을 때, 그 목소리가 들리는 장소에서 괴로움을 받고 있던 사람들은 모두 지옥으로부터 벗어날 수가 있었다. 왕씨는 이리하여 마침내 3일 후에 소생하게 되었는데, 그 게송을 기억하고 있었기 때문에 승려들에게 그것을 말하였다. 그 게문을 찾아보았더니 『화엄경』 12의 「야마천궁무량제보살운집설법품」에 나오는 것임을 알게 되었다. 이상은 왕씨 자신이 공관사空觀寺의 승정법사僧定法師에게 얘기한 것이다.[43]

이 영험담은 호유정胡幽貞이 편찬한 『화엄경감응전』에서는 이름이

---

[43] 『화엄경전기』 4(『대정장』 51, p.167上) "文明元年京師人 姓王 失其名 旣無戒行 曾不修善 因患致死 被二人引 至地獄門前 見有一僧云 是地藏菩薩 乃教王氏 誦一行 偈 其文曰 若人欲求知三世一切佛 應當如是觀 心造諸如來 菩薩旣授經文 謂之曰 誦得此偈 能排地獄 王氏盡誦 遂入見閻羅王 王問此人 有何功德 答云 唯受持一四句 偈 具如上說 王遂放免 當誦此偈時 聲所及處 受苦人皆得解脫 王氏三日始蘇 憶持此 偈 向諸沙門說之 參驗偈文 方知是華嚴經第十二卷夜摩天宮無量諸菩薩雲集說法 品 王氏自向空觀寺僧定法師說云 然也"

'곽신량郭神亮'이라는 신도의 사건으로 다루어지고 있는데, 지엄智儼 문하의 박진薄塵이 본인으로부터 직접 듣고서 동문인 법장에게 얘기한 것으로 되어 있다. 즉 위의 인용문과는 조금 다른 내용인데, 예를 들면 게송을 가르쳐 준 승려가 지장보살이라고는 규정되어 있지 않고, 주인공의 이름이 다른 점 등이다.

징관澄觀도 이 게송을 '능히 지옥을 부수는 것'이라 하고, 『연의초演義鈔』에서 앞에 인용한 『화엄경전기』의 내용을 그대로 답습한 혜원慧苑의 『찬영기纂靈記』를 인용하여 이 영험담을 자세히 소개하고 있다.[44] 단지 『찬영기』에서는 주인공의 이름이 '왕명간王明幹'이라고 확실히 밝혀져 있었던 모양이다. 이로 미루어 볼 때, 초당初唐 이후 이 게송은 널리 전파되어 한국과 일본[45] 등 동아시아권으로 알려지게 된 듯하다. 특히 우리나라에서 지금까지 독송되고 있는 것은 바로 이러한 영험담이 촉매작용을 하였기 때문으로 생각된다.

③ 공화사의 비유에 대한 유형 고찰

유심게에서 들고 있는 화가(工畵師)의 비유는 상당히 중요한 역할을 하고 있다. 마음에 대한 비유로서의 변천과정과 이러한 유형의 비유가 다른 경전에도 있는가, 그리고 어떠한 의의를 가지는가 하는 점도

---

44 『연의초』16(『대정장』36, p.116中) "纂靈記云 京兆人 姓王名明幹"
45 우리나라 사찰에서는 새벽예불에 앞서 '쇳송'이라 하여 종을 치면서 외우는 게송이 있는데, 바로 이 게송이다. 지옥을 파하는 힘이 있다고 믿어지고 있다. 일본 奈良의 東大寺 觀學院에서는 강의를 시작하기 전에 開講의 偈로서 이 게송을 독송하고 있다.

아울러 살펴보겠다.

경전에서 화가, 혹은 화가의 행위가 비유로서 나타난 용례는 그다지 많지는 않다. 비교적 잘 알려진 것으로는 『장로니게長老尼偈』에서

이전에는 나의 눈썹은 화가가 멋지게 그리는 그림처럼 아름다웠지만, 지금은 늙어서 주름이 지고 아래로 처졌다. 진실을 말하는 사람의 말은 틀림이 없다.[46]

라고 하는 정도이다. 그러나 『상응부』에는 두 곳에서 염색하는 염색사와 화가의 비유가 보이고 있다. 즉 하나는 「대품大品」에 나오는 것인데,

비구들이여, 예를 들면 염색사와 화가가 염료라든가 옻, 울근과 그리고 남藍이나 천茜 등을 사용하여 잘 다듬어 닦아놓은 판자나 벽, 혹은 헝겊에 여성이나 남성의 모습을 그려서 모든 팔다리를 나타내듯이, 비구들이여, 그와 마찬가지로 만약 음식에 대하여 탐욕이 있고 기쁨이 있고 애착이 있으면 거기 인식이 정착하고 성장한다. 인식이 정착하고 성장하면 거기에 명색名色이 나타난다.[47]

---

46 *Therīgāthā II*, p.246(早島鏡正 번역,『原始佛典』9, 東京: 講談社, 1985, p.230 참조).

47 SN, 12. 64, PTS, pp.101~102(木村清孝,「如來林偈の思想史的位相」,『南都佛教』 61·62, 1989, p.61 참조). 그리고 인용문에 보이는 藍은 푸른 물감을 만드는 '쪽'이라는 식물이고, 茜는 붉은 물감을 내는 '꼭두서니'라는 식물이다.

60

라고 하는 교설이다. 여기서는 염색사와 화가는 미혹의 생존을 불러일
으키고 지속시키는 근원으로서의 탐욕, 기쁨, 애착심에 비유되어
있다. 그리고 또 하나는 「화품華品」에서

비구들이여, 너희들은 행위라는 이름의 그림을 본 적이 있는가.
… 실로 행위라는 이름의 그림은 마음이 만들어내는 것이다. 마음이
야말로 행위라는 그림보다도 더욱 더 다양하다. … 범부는 색·수·상
·행·식을 거듭 일으키게 된다.[48]

라고 한 후, 이어서 이러한 마음에 근거한 행위를 화가가 그리는
그림에 비유하고 있다. 다만 앞서 인용된 경우와는 달리 염색사와
화가의 활동을 범부의 오음五陰의 생기生起에 비유하고 있는 점이
다르다.
　이러한 마음에 대한 사상은 직접적으로는 『유마경』「제자품」에
그대로 수용되어 공관적空觀的으로 전개되고 있으나,[49] 또한 유심게와
도 사상적으로 연속성이 있음을 알 수 있다. 이와 같이 마음을 화가에
비유하거나 혹은 마음에 근거한 행위를 화가가 그리는 그림에 비유하
는 발상은 원시경전 속에 이미 보이고 있다. 따라서 마음에 대한
추구는 이처럼 어느 정도 변모하면서 대승경전으로 계승된 듯하다.
그것은 『대보적경大寶積經』에서

---

48 SN, 12. 64, PTS. pp.151~152.
49 『유마경』上(『대정장』14, p.538下).

마음은 화가와 같다. 여러 가지 업의 인연을 일으키기 때문이다.[50]

라고 하여, 원시경전의 내용을 그대로 설하면서도 다음과 같이

예를 들면 화가가 직접 야차 상을 그리고 나서 그것을 보며 무서워하고 겁에 질려 움직이지 못하게 되는 것처럼 모든 범부도 그와 같다. 그들은 스스로 색色·성聲·향香·미味·촉觸을 만들어내고서 생사의 세계를 왕래하며 여러 가지 고뇌를 받으면서도 그것을 자각하지 못한다.[51]

라고 하는 등이다. 이는 비유의 내용을 약간 바꾸었을 뿐, 앞서의 인용과 거의 비슷하다. 그러나 이보다 더욱 구체적으로 설하고 있는 것은 『정법념처경正法念處經』이다.[52] 먼저 「생사품」에서

비유하면 현명하고 솜씨 있는 화가, 혹은 그 제자가 평평하고 매끄러운 소재를 잘 관찰한 후, 그것을 입수하여 여러 가지로 채색하고 때로는 예쁘게 혹은 추하게 그 형태와 똑같이 마음대로 그려낸다. 그처럼 마음의 행위라는 화가, 그 제자도 마찬가지로 평평하고 단단한 매끄러운 행위의 결과인 과보의 장소, 즉 생사의 세계에서

---

50 『대보적경』 112(『대정장』 11, p.635中) "心如畫師 能起種種業因緣故"

51 상동(『대정장』 11, p.634上) "譬如畫師自手畫作夜叉鬼像 見已怖畏迷悶躄地 一切凡夫亦復如是 自造色聲香味觸故 往來生死受諸苦惱而不自覺"

52 水野弘元, 「正法念處經について」(『印度學佛教學研究』 12-1, 1964); 川村昭光, 「正法念處經の所屬について」(『宗教研究』, 1983), p.255.

그 이해에 따라 여러 형태, 여러 영역, 여러 의지처를 만들어낸다.
마음의 행위라는 화가는 그 행위에 의해 중생을 만드는 것이다.
… 무량한 괴로움이 엄습해 오지만 모두 그것은 자신의 행위에
의한 것이며, 다른 이가 만든 것은 아니다.[53]

원문의 인용을 일부만 살펴보았으나, 결국 마음의 행위로 인해
육도의 과보가 있게 된다고 강조한 내용이다. 그러나 「관천품觀天品」
에서는 마음 그 자체를 바로 화가에 직접 비유하고도 있다.

예를 들면 세상의 솜씨 있는 화가는 현실에서 만날 수가 있다.
(그러나) 마음이라는 화가(心畵師)는 미묘하고 섬세하기 때문에 전
혀 볼 수가 없다. (화가는 벽에) 아름다운 혹은 보기 싫은 형태를
그리기도 하고, 벽에 많은 모습을 나타내기도 한다. 마음의 행위도
그와 똑같이 선 또는 악의 과보를 만들 수가 있다. … 이와 같이
비구는 마음이라는 화가가 자재로이 행위 짓는 것을 관찰하고,
있는 그대로의 행위를 관찰하여 생사를 멀리 여의는 것이다.[54]

---

53 『정법념처경』(『대정장』17, p.23中下) "譬如點慧善巧畵師 若其弟子觀察善平堅滑
好地 得此地已 種種彩色 種種雜雜 若好若醜 隨心所作 如彼形相 心業畵師 若其弟子
亦復如是 善平堅滑 業果報地 生死地界 隨其解作種種形相 種種諸道 種種依止
心業畵師 業作衆生 … 無量苦逼 皆是自業 非他所作"

54 『정법념처경』「관천품」(『대정장』17, p.135上中) "如世巧畵師 現前則可見 心畵師
微細 一切不能見 圖畵好醜形 令壁衆像現 心業亦如是 能作善惡報 … 如是比丘
觀心畵師自在造業 如實觀業 厭離生死"

앞서 살펴본 비유와 다른 것은 마음에 대응하는 행위를 벽에 그린 그림에 비유하고, 그 비유와 마음 및 행위까지를 깊이 있게 다룬 교설이 전개되었다는 점이다.

그런데 유심게의 화가도 명확하게 마음에 비유되고 있다. 즉 화가와 그가 그려내는 채색과의 불일불이성不一不二性과 화가 자신의 화심畵心에 대한 불가지성不可知性을 인식함으로써 마음의 근원적인 모습과 그 실천적인 목표가 간결하고도 적절하게 표현되어 있다고 생각된다.

따라서 유심게가 『정법념처경』보다도 늦게 성립된 것임을 알 수 있다. 그러나 어느 쪽 교설이 사람들을 바른 길로 좀 더 효과적으로 이끄는 계기가 될 것인가 하는 문제는 단정하기가 그리 쉽지 않다. 왜냐하면 유심게가 마음의 본질을 제시하면서 그 마음의 단적인 관찰을 촉구한 반면, 『정법념처경』은 마음과 행위가 만들어내는 세계를 사실적으로 그려내어서 절실하게 현실의 인간에게 반성을 재촉한 것이기 때문이다. 다만 후자의 경우 근본적으로 마음이나 행위를 불변한 것으로 실체시하는 위험성을 안고 있다는 점[55]이 아쉽다고 하겠다.

3) 법장교학의 심성론

(1) 법장의 삼계유심 해석

『십지경』에서 말하는 삼계유심三界唯心의 마음은 어떤 의미를 지니고 있을까. 법장의 해석을 보기 전에 먼저 문제의 삼계유심이라는 경문에

---

55 木村清孝, 앞의 논문, p.70.

대한 역경삼장들의 번역을 한번 살펴보자.

축법호竺法護, 『점비일체지덕경漸備一切智德經』: 其三界者 心之所爲
… 又此一切一種一心

불타발타라佛馱拔陀羅, 『육십화엄』: 三界虛妄 但是心作 十二因緣分是
皆依心

구마라집鳩摩羅什, 『십주경』: 三界虛妄 但是心作 … 十二因緣分是皆
依心

보리유지菩提流支, 『십지경론』: 三界虛妄 但是一心作 … 十二因緣分
是皆依一心

실차난타實叉難陀, 『팔십화엄』: 三界所有 唯是一心 … 十二有支皆依
一心

시라달마尸羅達摩, 『십지경』: 所言三界 此有是心 … 十二有支皆依一心

그렇다면 범본에는 이렇게 되어 있는가. 이 부분에 해당하는 『십지
경』의 범본에는

이 삼계에 속하는 것은 모두 이 마음뿐인 것이다. 그리고 여래가
분별하여 설하신 이 십이유지十二有支도 또한 일심에 근거한 것이
다.[56]

---

[56] 鎌田茂雄, 「唯心と性起」(『大乘佛敎』 3, 東京: 春秋社, 1983), p.226 번역 참조.
Cittamātram idam yad idam traidhātukam yāny api imāni dvādaś abhavāmgāni
tathāgatena prabhedaśo vyākhyātāni tāny api sarvāny ekacittasamāsritāni.
(Daśabhūmiśvara, ed. by Kondo, p.98)

라고 되어 있다. 여기서 먼저 문제가 되는 것은 의심依心의 마음과
유심唯心의 마음인데, 선학의 연구결과에 의하면 동일하다[57]고 한다.
즉 의심依心의 마음이 이미 일심이기 때문에 유심의 마음도 일심이지
않으면 안 되게 되며, 이것이야말로 역자가 일심작一心作 또는 유일심唯
一心이라고 '일一'자를 덧붙여서 역경한 이유인 것이다.

즉 생사윤회하는 유정들의 생존세계인 삼계는 모두 마음작용에
의한 것이며, 불교의 근본교리인 십이지연기도 결국은 일심의 작용에
지나지 않는다. 그런 의미에서는 인간세계의 모든 행위는 마음가짐과
마음작용에 의해 달라지며, 마음가짐을 바꿈으로써 우리는 고뇌의
세계로부터 이탈할 수 있다는 근본적 명제이기도 하다. 그러므로
이 경구는 후대에 유식설에서도 중요한 교증으로 삼고 있다. 그러나
거기서는 삼계의 일체 존재가 마음으로부터 성립하고 있다고 하는
소위 유심론이 아니라 인간의 마음이 현실적으로 작용하여 고뇌하고
기뻐하는 바, 마음의 상태를 가리킬 뿐인 것이다.

따라서 후세의 연구가들은 삼계유일심의 일심이 망심妄心인가, 진
심眞心인가, 아니면 찰나심刹那心인가, 다심상속심多心相續心인가, 절
대적인 일심一心인가를 끊임없이 문제 삼아 여러 가지 해석을 가능하게
하였던 것이다. 예를 들면 인도에서 세친이 자신의 종교적 사색의
도달점으로서 저술한 『십지경론』에서 심心은 진심의 의미를 가진다.

그러나 보리유지가 citta를 일심으로 번역한 이래, 마음에 대한
해석이 성행하여 『십지경론』을 소의경전으로 하는 지론학파의 흥기를

57 坂本幸男, 위의 책, p.355.

불러일으키게 되는데, 가장 대표적인 남도파 혜원慧遠의 경우, 절대적 진심眞心, 유심唯心의 연기를 설하는 입장이다.[58] 그러나 지정智正으로 부터 지론종의 교학을 배웠던 지엄智儼은 일심을 여러 가지 내용으로 파악하고 있다. 즉 망심, 탐심 혹은 여래장진심如來藏眞心, 때로는 진망화합의 리야식梨耶識으로 이해하기도 한다.

그렇다면 법장은 어떠한가. 그는 "삼계는 허망하여 단지 일심이 만들어낸 것일 뿐이다[三界虛妄 但是一心作]"에 대하여 다음과 같이 설명하고 있다.

『십지경』에서 "삼계는 허망하여 오직 일심이 만든 것"이라고 한 것은『섭론攝論』등에서는 시교始教의 입장에서 해석하여 뢰야식賴 耶識 등이라 하고,『십지경론』에는 종교終教의 입장에서 해석하여 제일의진심第一義眞心이라 한다.[59]

즉『섭론』등의 해석에서는 시교라고 하지만,『십지경론』의 입장에 서는 종교終教라고 한다는 주장이다. 그러나 위 인용문의 제일의진심 第一義眞心이란 유일심작唯一心作의 일심에 대한 입장의 규정일 뿐, 『십지경론』에서는 일심을 그대로 제일의진심이라고는 보지 않았다.

그런데도 불구하고 법장은『십지경론』에서 설해지고 있다고 하면서 '삼계' 이하의 경구를 종교終教에 위치시키고 있다. 더구나 같은「십지

---

58 鎌田茂雄, 앞의 책, p.228.

59『오교장』2(『대정장』45, p.485上) "又如十地經云 三界虛妄唯一心作 攝論等約始教 義釋 諸賴耶識等也 十地論約終教釋 爲第一義眞心也"

품」 가운데서도 제9지의 심식설은 원교라고 하면서도[60] 여기서는 종교
라고 규정하고 있는 것은 무언가 모순이다. 그렇다면 분명 어떠한
의도가 있다고 보아야 할 것이다. 그것은 법장이 시교라고 규정하고
있는 유식에서 이 삼계유심을 그대로 삼계유식으로 보고 있기 때문이
다. 예를 들면 세친은 『유식이십론唯識二十論』의 첫머리에서

대승이므로 삼계는 유식을 안립安立한다. 경 가운데 "모든 여러
성자들이여, 이 삼계는 유심이다"라고 설하기 때문이다. 심心·의意·
식識 및 요별了別은 동의이어同意異語이다.[61]

라고 설한다. 즉 『십지경』의 삼계유식의 경문을 교증으로 삼아 '삼계는
유기식(唯記識, vijñapti-mātra)이다'고 한 것이다. 그러나 일반적으로
유식이라는 경우의 원어는 vijñāna-mātra가 아니라, vijñapti-mātra이
므로 '삼계는 유식이다'고 설한 의미가 되어버린다.

다시 말해서 세친의 경우, 유심(唯心, citta-mātra)과 유식(唯識,
vijñapti-mātra)은 같은 뜻인 셈이다. 그것은 그가 조금 전에 보았듯이
'심(心, citta)·의(意, manas)·식(識, vijñana) 및 요별(了別, vijñāpti)은
동의이어同意異語'라고 하는 것에서도 알 수 있다. 물론 심의식의 체는
하나라든가, 동의어라든가 하는 것은 불교에서 흔히 말하지만 심의식

---

60 상동(『대정장』 45, p.485中) "若依圓教 卽約性海圓明 … 如離世間品及第九地說"
61 Lévi, *Vijñaptimātratāsiddhi*, p.3. 번역문은 山口益·野澤靜証, 『世親唯識の原典解
   明』(東京: 法藏館), 1953, p.15 참조. 또한 세친은 『唯識三十頌』에서도 唯心性
   (citta-mātratā)과 唯識性(vijñapti-mātratva)을 같은 뜻으로 설하고 있다(p.395
   참조).

이외에 요별, 기식(記識, vijñapti)까지를 동의이어同意異語라고 하는 것은 주목해야 한다. 그것은 바로 유심과 유식을 같은 것으로 이해하고 있는 중요한 자료가 되기 때문이다.

따라서 법장은 유식문헌에서 이용하고 있는 일심소섭一心所攝의 내용을 도저히 원교라고 할 수는 없었을 것이다. 더구나 스승인 지엄이 법계연기의 체계를 제시한 것과 비교할 때, 법장의 일심에 대한 해석은 극히 한정적이며, 다소 엄하다고 하지 않을 수 없는 입장이었음[62]이 짐작된다고 하겠다.

이러한 법장의 일심一心에 대한 해석은 소승교小乘教와 시교始教·돈교頓教·원교圓教 가운데에 위치하는 종교終教에 아뢰야식을, 특히 시교와의 대비에 의해 그 차이를 명확하게 하고 싶은 의도에서 출발한 것[63]이라 보아야 한다. 그러므로 『십지경론』에서는 '종교의 입장에서'라고 하지만, 이는 사실상 법장 자신의 해석 중에서도 엿볼 수 있다.

그러나 법장의 교학은 대개 종합적이라는 평을 받고 있듯이, 일심의 해석을 종합적인 견지에서 설명한 것은 『탐현기』이다. 거기서 그는 유심을 '십중유식+重唯識'으로 해석하고 있는데, 단락을 바꾸어 살펴보기로 하겠다.

(2) 십중유식으로서의 유심

우선 법장교학이 지니는 입체적 구조에 주의할 필요가 있다. 무슨 의미인가 하면, 오교판에서 소승에 대한 대승이 일단 설정되고 그

---

62 吉津宜英,「法藏と澄觀の唯心義解釋」(『南都佛教』 61·62, 1989), p.76.

63 본서 제3장 제2절 참조.

대승 가운데서도 점교漸敎와 돈교頓敎가 대응하여 점교가 다시 시교始
敎·종교終敎로 나누어졌다. 동시에 돈교가 무無로서의 언망려절言亡慮
絶인 경계와 유有로서의 돈頓이라 할 수 있는 원교圓敎로 분류되었다.
또한 원교는 동별이교同別二敎의 이면성을 가지는 것이었다. 이렇게
겹겹이 중층적으로 겹치는 입체적 구조를 가지는 점을 간과해서는
안 된다.

그것은 오교판이 가지는 중층성을 실마리로 하여 유식과 유심唯心의
점교적 측면의 차이를 밝히고, 거기에 내재된 원교적 시야에서 바라보
는 법장의 입장을 검토하고자 하기 때문이다.

그런 의미에서도 법장의 '유심사상'이라 했을 때 그가 "삼계허망三界
虛妄 단시일심작但是一心作"의 해석에서 제시한 십중유식이 문제가
된다.

십중유식十重唯識은 문자 그대로 열 가지로 겹치는 유식의 견해를
말하는 것이다. 이것은 『의림장義林章』의 오중유식五重唯識[64]에서 발상

---

64 〈五重唯識〉(『대정장』 45, p.258中) 〈十重唯識〉(『대정장』 35, p.347上)

1. 遣虛存實識	1. 相見俱存唯識
2. 捨濫留純識	2. 攝相歸見唯識
3. 攝末歸本識	3. 攝數歸王唯識
4. 隱劣顯勝識	4. 以末歸本唯識
5. 遣相証性識	5. 攝相歸性唯識
	6. 轉眞成事唯識
	7. 理事俱融唯識
	8. 融事相入唯識
	9. 全事相卽唯識
	10. 帝網無碍唯識

된 것이지만, 그러나 법장은 법상교학法相教學에서의 유식관에 대한 성찰 방법을 원용하여 허망한 삼계를 구성하는 유심의 중층성을 밝히는 데 주력하고 있다.

먼저 제1 상견구존유식相見俱存唯識에서는 상분相分과 견분見分에 의해 삼계의 성립을 설하고 있는데, 그의 설명을 보자.

첫째, 상相과 견見이 모두 있으므로 유식이라 설한다. 말하자면 팔식八識과 여러 심소心所에 통하고, 아울러 소변所變의 상분相分은 본영구족本影具足하고 유지有支 등의 훈습력에 의하기 때문에 삼계의 의정依正 등의 과보가 변현變現한다. 『섭대승론』 및 『유식론』 등 여러 논에서 널리 설함과 같다.[65]

라고 한다. 법장은 제1 상견구존유식相見俱存唯識·제2 섭상귀견유식攝相歸見唯識·제3 섭수귀왕유식攝數歸王唯識 등의 셋을 대승시교大乘始教의 관점에 속하는 유심의 견해라고 하고 있다.[66] 이 문제는 다시 언급하기로 하고, 우선 첫 번째에 대한 설명은 결국 상분과 견분의 구존俱存, 즉 보는 것과 보이는 것을 동등하게 생각하는 입장이다. 상분의 본질과 영상도 그것을 생기시켜 나타나게 하는 명언名言, 유지有支 등 훈습력의 당체인 아뢰야식도 모두 다 같은 의미에서 긍정되고 있다. 그렇기

---

65 『탐현기』 13(『대정장』 35, p.347上) "一相見俱存故說唯識 謂通八識及諸心所并所變 相分本影具足 由有支等薫習力故變現三界依正等報 如攝大乘及唯識等諸論廣說"
66 상동(『대정장』 35, p.347中下) "上來十門唯識道理 於中初三門約初教說 次四門約 終教頓教說 後三門約圓教中別教說 總具十門約同教說"

때문에 변현變現된 삼계의 의보依報와 정보正報인 중생과 기세간器世間
도 이들을 있게 한 팔식과 그 심소의 견상이분見相二分에 포함되지만
이외의 것은 부정되는 입장의 설명이다.

그 다음 제2 섭상귀견유식攝相歸見唯識에 대한 설명을 보면

둘째, 상相을 섭攝하여 견見에 돌아가므로 유식이라고 설한다. 말하
자면 팔식의 심왕[王]과 심소[數]의 차별을 통하여 소변所變의 상분
相分은 다른 종자로부터 생생하지 않는다. 능견能見의 식이 나올
때, 그의 그림자를 드리우고 일어난다.『해심밀경解深密經』과『이십
유식론二十唯識論』·『관소연론觀所緣論』에서도 다 이러한 뜻을 설하
였다.[67]

여기서는 상분을 견분 속에 포함하여 그 독립성을 인정하지 않는
입장이라 할 수 있다. 즉 제8식에 의해 일어난 상분은 실유가 아니라
능견能見의 식일 뿐으로, 일체의 경계는 만들어낸 영상이라는 것이다.
요컨대 마음과 경계의 관계에서 경계를 마음의 내용으로 하여 일원화
한 견해이다. 따라서 유식으로서의 마음 그 자체에 초점이 맞추어져
있다 하겠다.

다음 제3 섭수귀왕유식攝數歸王唯識에 대해서는

셋째, 심소[數]를 섭攝하여 심왕心王에 돌아가므로 유식이라 설한

---

67 상동(『대정장』35, p.347上) "二攝相歸見故說唯識 謂亦通八識王數差別所變相分
無別種生 能見識生帶彼影起 如解深〔密經二十唯識觀所緣論具說斯義"

다. 일반적으로 팔식의 심왕을 갖추지만, 그 심소心所는 심왕에
의해 일어날 뿐, 자체가 없기 때문에 그것도 또한 이 마음의 소변所變
이라고 하는 이유이다. 『장엄론莊嚴論』에서 설한 것과 같다.[68]

여기서는 마음에 수반하는 여러 가지 정신작용은 심왕에 의해 일어
나며, 단독적인 자체는 없다고 한다. 즉 하나하나의 심소는 심왕이
나타낸 작용에 지나지 않으므로 심왕과 별도로 존재하는 것이 아니기
때문에 그 작용이 자체적으로 해소된다고 본다. 이것은 법상교학에서
오중유식의 제4 은렬현승식隱劣顯勝識과 내용[69]이 거의 같다. 그러나
거기서는 심소의 독자성을 인정하면서도 그것이 열등한 것이므로
수승한 심왕을 앞에 내세워 심소를 감추는 반면, 여기서는 전혀 다른
관점에서 심소를 보고 있는 것이다. 그러므로 의지하고 있는 근원에서
마음을 보는 쪽이 더 훌륭한 것이 됨은 당연하다고 하는 입장이다.
　이와 같이 법장은 십중유식 가운데 이 셋을 내승시교의 관점에
두고 있는데, 이는 법상교학의 아뢰야식을 자신의 견해로서 정리한
것이다.
　그러나 제4 이말귀본유식以末歸本唯識은 『의림장義林章』의 제3 섭말
귀본식攝末歸本識과 명칭으로 보아서는 비슷하지만, 양자 사이에 상당
한 차이가 있음을 알 수 있다. 그 내용을 보면

---

68 상동 "三攝數歸王故說唯識 謂亦通具八識心王 以彼心所依於心王無自體故 許彼亦
　是心所變故 如莊嚴論說"
69 『의림장』 1(『대정장』 45, p.259上) "心及心所俱能變現 但說唯心非唯心所 心王體殊
　勝 心所劣依勝生"

넷째, 말末로서 본本에 돌아가게 하므로 유식이라 설한다. 말하자면 칠전식七轉識은 모든 이 본식本識의 차별이 공능功能하여 따로 체가 없기 때문이다. 『능가경』에서 말하기를 … 해석하면 이미 물을 떠나면 따로 파도가 없듯이 본식을 떠나면 별도로 육六·칠식七識이 없음을 밝히는 것이다. 널리는 거기서 설함과 같다.[70]

즉 인식작용의 근본은 제8 아뢰야식에 있다. 칠전식七轉識은 근본식의 공능차별功能差別에 지나지 않고 본식은 별도로 체가 있는 것이 아니라고 한다. 그 점에서는 법상교학과 다르지 않으나, 그것을 밝히기 위한 교증으로 『능가경』의 물과 파도의 비유를 들고 있는데 이때 전혀 다른 관점이 삽입되어 있다. 즉 물을 떠나 파도는 있을 수 없다. 그와 같이 체體로서의 물에 입각해야만 천차만별하는 상相으로서의 파도가 존재한다. 마찬가지로 본식을 떠난 육·칠식 등의 구체성은 있을 수 없다는 의미이다.

그런데 여기서 문제가 되는 것은 법장의 십중유식에서 제4부터 제7까지의 유식이 대승종교大乘終敎의 입장이라는 점이다. 다시 말해 『의림장』에서는 단순히 본말관계를 설한 것일 뿐이다. 그것은 표현상으로는 아뢰야식과 여러 식의 관계를 서술한 듯이 보이지만, 내용을 완전히 바꾸어버린 것이다. 아뢰야식에 진망眞妄의 두 뜻이 있고 그것이 화합하여 집성하고 있는 것이 제8식의 체로서 일심이라 부르며, 7식은 제8본식으로부터 전변하여 일어난다고 한다.

---

70 『탐현기』 13(『대정장』 35, p.347上) "四以末歸本故說唯識 謂七轉識皆是本識差別 功能 無別體故 楞伽云 … 解云旣離水無別有浪 明離本識無別六七 廣如彼說"

74

그리고 물과 파도의 비유는 『능가경』뿐만 아니라, 『기신론』에서도 자주 인용되는 비유이다. 그러나 진실이라는 가치관을 삽입함으로써 단순한 본말관계가 아니게 된다.[71] 이렇게까지 해서 강조하고자 한 대승종교로서의 유식관은 어떤 것일까. 그것에 대해서는 『오교장』이 더 자세하다.

만약 종교에 의하면 이 뢰야식에서 이사융통理事融通의 이분二分의 뜻을 얻는다. 그러므로 논에서 불생불멸과 생멸이 화합하여 비일비이非一非異인 것은 아리야식阿梨耶識이라 한다고 하였다. 그것은 진여의 훈습을 따라 화합하여 본식을 이룸으로써 전교前敎의 업 등의 종자로부터 생한다는 것과 같지 않기 때문이다.[72]

여기서 법장의 과제도 대승의 입장에서 아뢰야식을 어떻게 볼 것인가 하는 점이다. 종교의 시점에서 해명된 모든 존재의 근거로서의 본식은 어떤 것인가. 요컨대 이와 사의 이면성을 가지면서 동시에 서로 융통하는, 바로 『기신론』에서 설한 생멸과 불생멸이 화합한 것이 아뢰야식이라는 입장임을 알 수 있다.

법장이 이처럼 아뢰야식을 자신의 교학체계 속에 도입하고 있는 의미에서 『기신론』의 이 부분은 특히 주목을 끌고 있다. 즉 그의

---

71 鍵主良敬, 「唯心にの體ついて」(『南都佛教』 61·62, 1989), p.172.

72 『오교장』 1(『대정장』 45, pp.484下~485上) "若依終教 於此賴耶識 得理事融通二分 義 故論但云不生不滅與生滅和合非一非異 名阿梨耶識 以許眞如隨熏和合成此本 識 不同前教業等種生故"

입장에서는 원래 아뢰야식은 여래장과 같은 것으로 『능가경』이나 『기신론』에서 설하고 있는 것과 마찬가지라는 이해이다. 연기라는 관점에서 보면 여래장에 의해 성립한 연기야말로 그 우월성을 인정해야 한다는 의미일 것이다.[73] 이러한 입장을 근본으로 하여 대승의 종교라고 할 때, 진여는 당연히 불변不變이지만 수연隨緣하는 측면도 가진다. 바로 이러한 이면성 때문에 진여이며, 그러므로 진여와 여래장, 그리고 아뢰야식 및 자성청정심이 다 같은 것이다. 이러한 입장을 염두에 두고 다음의 제5 섭상귀성유식攝相歸性唯識을 살펴보자.

다섯째, 상相을 섭攝하여 성性에 돌아가므로 유식이라 설한다. 이 팔식은 그 자체가 다 없고 오직 여래장이 평등하게 현현할 뿐이며, 나머지 상은 다 없어진다. 경에서 "일체중생은 즉 열반상으로 다시 멸하지 않는다"고 하였으며, 『능가경』에서는 "상을 부정하지 않고 팔식이 있으나 무상無相도 또한 무상이다"고 하는 등의 경증經證은 한결같지 않다.[74]

앞서 네 번째에서는 제8식이 근본이라고 하는 입장에서 식의 상을 인정하였으나 지금은 그 사상事相을 다 끊어서 무위와 성性, 본각의 이理만이 유식이라 하고 있다.

---

73 왜냐하면 법장은 『起信論義記』에서 四宗判을 제시하고 있는데 여기서 '如來藏緣起宗'을 最高位로 하는 것에서도 알 수 있다(『대정장』 44, p.243中).

74 『탐현기』 13(『대정장』 35, p.347上) "五攝相歸性故說唯識 謂此八識皆無自體 唯是如來藏平等顯現 餘相皆盡 經云一切衆生卽涅槃相 不復更減等 楞伽云不壞相有八 無相亦無相 如是等文成證非一"

그런데 법상교학에서는 상을 부정해야 하는 것으로 파악하는 반면, 법장은 상을 포섭하여 부정하지 않는다. 더구나 이理로서의 체성이라는 경우에 체로서의 아뢰야식은 어떻게 되는가라는 면에 대하여 그는 팔식 자체가 다 체가 없는 것이라 보고, 식의 근저에 여래장이 있다고 한다. 그러나 인용하고 있는 『능가경』의 입장에서 본다면, 공空의 방향을 가리킨다고도 생각된다.

그러면 제6 전진성사유식轉眞成事唯識은 어떠한 내용인가.

여섯째, 진眞을 바꾸어 사事를 이루므로 유식이라 설한다. 여래장이 자성을 지키지 않고 수연隨緣하여 팔식의 왕王과 수數와 상相과 견見의 종種과 현現을 현현顯現하기 때문이다. 『능가경』에서 "여래장은 무시無始의 악습으로 인해 훈습되므로 식장識藏이라 이름한다"고 하였다.[75]

앞의 제5에서 무위의 진성眞性만을 세웠으나 여기서는 여래장의 진성이 자성을 지키지 않고 염정染淨의 연을 따라 여러 가지 사상事相, 즉 심왕, 심소, 상분, 견분, 종자, 현행 등 식의 구체상을 성립시키고 있다는 설명이다. 또한 인용되고 있는 『능가경』의 경구에서도 알 수 있듯이, 여래장이 아뢰야식이 되는 방향에서 식을 생각하는 것이다. 소위 진식설의 입장을 표방한 것이므로 종교에 해당한다.

다음 제7 이사구융유식理事俱融唯識에 대해서는

---

75 상동 "六轉眞成事故說唯識 謂如來藏不守自性 隨緣顯現八識王數相見種現 故楞伽云 如來藏爲無始惡習所薰習故名爲識藏"

일곱째, 이理와 사事가 함께 혼융하므로 유식이라 설한다. 여래장이
거체擧體에 수연하여 모든 사를 성변成變하지만 그 자성은 원래
생멸하지 않는다. 바로 이와 사가 혼융하여 무애인 것이다. 그러므로
일심의 이제二諦는 다 장애가 없다. … 해석하자면 불염不染이면서
염이란 것은 성性은 청정하나 염에 따라 거체에서 속제가 되는
것을 밝히는 것이다. 바로 생멸문이다.[76]

라는 설명이다. 즉 제6에서 여래장의 이理가 여러 가지 사상事相을
만드는 것을 밝힌 반면, 여기서는 사상이 이와 혼융하고 있다고 설한다.
다시 말해서 제7은 제5와 제6을 합친 것이라고도 할 수 있다. 왜냐하면
이와 사의 혼융무애에 의하여 일심의 이제二諦가 서로 방해하지 않고도
기능을 다하기 때문이다. 이것은 『오교장』의 종교의 설과 일치하고
있다. 결국 진속이제를 통합하는 일심이 바로 종교의 최종단계에서
설해진 셈이다. 일심이 제일의진심第一義眞心의 내용이 되고 있다.
그 진심을 기점으로 하여 십중유식이 전개되어 있고, 그 점에 대한
검토가 다음 제8의 과제이기도 하다.

그런데 앞서 언급하였듯이 제4에서 제7까지는 대승종교이지만,
여기에 돈교도 포함한다[77]고 하는 견해에 대해서는 지금까지도 여러
가지로 논의되고 있다. 그것은 주로 종교의 어느 부분이 언교言敎를

---

76 『탐현기』 13(『대정장』 35, p.347上中) "七理事俱融故說唯識 謂如來藏擧體隨緣成
辨諸事 而其自性本不生滅 卽此理事混融無礙 … 解云 不染而染 明性淨隨染擧體成
俗 卽生滅門也"

77 상동(『대정장』 35, p.347上).

초월한 돈교에 해당하는가 하는 의견의 차이라고 볼 수 있을 것이다.

그러한 돈교의 입장에서 보는 식에 대한 법장의 견해가 가장 잘
나타나 있는 것이 바로 『오교장』이다. 여기서는 돈교를 다음과 같이
설명하고 있다.

> 만약 돈교에 의하면 곧 일체법은 오직 일진심一眞心으로 차별상이
> 다하여 말을 여의고 생각이 끊어진 불가설이다. 『유마경』 가운데
> 32보살이 설한 불이법문은 이 앞의 종교 가운데 염정용융무이染淨鎔
> 融無二의 뜻이다. 정명淨名이 나타낸 이언離言의 불이不二는 바로
> 이 문門이다. 그것은 일체의 염정染淨의 상이 다하고, 이법二法으로
> 서 융회해야 할 것이 없기 때문에 불가설을 불이不二라 한다.[78]

여기서 유명한 '유마경의 침묵'이 이언절려離言絶慮의 경지를 단적으
로 나타낸 돈교에 해당하고, 그 앞 단계의 설을 종교라 하고 있다.
그리고 불가설의 경지에 대해서는 선·악·염·정 등 모든 상대차별의
상태를 초월한 유일의 진심을 기점으로 하는 입장이다. 그러나 그것은
불가설이기 때문에 설사 교설이라 하더라도 거부되지 않을 수 없다.
단지 부정을 통하여서만 긍정되는 것이다. 이 점이 바로 돈교가 주목되
는 이유이기도 하다. 그렇다면 거기에 비하여 원교는 어떠한가.

---

[78] 『오교장』 1(『대정장』 45, p.485中) "若依頓教 卽一切法唯一眞如心 差別相盡離言絶
慮不可說也 如維摩經中三十二菩薩所說不二法門者 是前終教中染淨鎔融無二之
義 淨名所顯離言不二是此門也 以其一切染淨相盡無有二法可以融會故 不可說爲
不二也"

만약 원교에 의하면 즉 성해원명性海圓明으로 요약된다. 법계연기는
무애자재하여 일즉일체一卽一切 일체즉일一切卽一이며 주반원융主
伴圓融하다. 그러므로 일심을 설하여 무진을 나타낸다. 「이세간품」
및 제9지地에서 설함과 같다. 또한 오직 일법계의 성기심性起心도
십덕十德을 갖추는데 「성기품」의 설과 같다.[79]

여기서 마음은 이미 단순한 심식의 영역을 초월하여 원명한 성해性海
가 되어 있다. 큰 바다에 비유되는 성해는 무한대이고 끝없는 법성
그 자체의 세계이다. 이는 법계연기의 무애자재한 모습이자 일즉일체
일체즉일로서의 주반원융을 의미한다. 또한 이것은 「십지품」의 제9지
및 「이세간품」과 「성기품」의 내용이라는 것이다.

그런 의미에서는 일심이라는 유일성에서 일체에 근거하는 상즉의
관계라고 해야 한다.

이 같은 상입상즉의 시점은 바로 제8과 제9에서 설해지는 내용이기
도 하다. 먼저 제8 융사상입유식融事相入唯識에 대한 설명을 보자.

여덟째, 사事를 융합하여 상입相入하므로 유식이라 설한다. 즉 이성
理性은 원융하고 무애하기 때문에 이로서 사를 성립시킬 때는 사도
또한 용융鎔融하여 서로를 방해하지 않는다. 또한 일은 일체에 포함
되고 일체는 일에 포함되는 것에 장애하는 바가 없다.[80]

---

79 『오교장』 1(『대정장』 45, p.485中) "若依圓教 卽約性海圓明 法界緣起無礙自在一卽
一切一切卽一主伴圓融 故說十心以顯無盡 如離世間品及第九地說 又唯一法界性
起心亦具十德 如性起品說"

앞서 살펴본 제7이 이사무애라고 한다면 제8 이하는 사사무애를 밝히고 있다. 그러나 제8은 상입의 입장이고, 제9는 상즉이다. 상입은 사와 사의 작용이 서로 연동하고 있는 것을 말한다. 그러나 이에서 사의 용융무애를 가리키는 것이므로 일의 사가 일체의 사에 상입한다 하더라도 이理에 입각한 것이다. 그런 의미에서 상즉의 입장인 제9 전사상즉유식全事相卽唯識을 살펴보면

아홉째, 사事를 다하여 상즉하므로 유식이라 설한다. 이에 의한 사는 사로서 별도의 사가 없고, 이와 이미 다르지 않기 때문에 사로 하여금 일즉일체가 되게 한다. 경에서 "한 세계가 곧 일체세계임을 알고, 일체세계가 곧 일세계임을 안다"고 설하였고, 또한 "일즉다 一卽多와 다즉일多卽一임을 아는" 등이라고 설하였던 것이다.[81]

앞서 제8이 사사무애의 용用에 대하여 상입이라면 제9는 체의 입장에서 상즉이다.[82] 또한 이에서 사가 성립하지만 사에는 이에 의지하는 이외에 별도로 사는 없다. 사사무애라 하더라도 이를 떠난 것이 아니다. 그것은 이심理心으로서의 심성이 법성융통法性融通의 근거가 되기 때문이다. 그러나 『화엄경』을 인용하고 있듯이, 마음을 일체에 넓히면서도 그것을 통괄하는 일심의 일을 통해서 일즉일체 일체즉일을 보기

80 『탐현기』13(『대정장』35, p.347中) "八融事相入故說唯識 謂由理性圓融無礙 以理成事事亦鎔融 互不相礙 或一入一切 一切入一 無所障礙"
81 상동 "九全事相卽故說唯識 謂依理之事事無別事 理旣無此彼之異 令事亦一卽一切 上經云知一世界卽是一切世界 知一切世界卽是一世界 又云知一卽多多卽一等"
82 鎌田茂雄, 위의 책, p.248.

위한 표현이다. 그런 의미에서는 어디까지나 유심의 내용이라 할
수 있지만, 이를 제10 제망무애유식帝網無碍唯識은 어떻게 설명하고
있는가.

> 열 번째, 제망무애帝網無碍이므로 유식이라 설한다. 말하자면 일
> 가운데 일체가 있고 그 일체 가운데의 일에 다시 일체가 있다.
> 이미 일문 가운데도 이같이 중중으로 다함이 없다. 나머지 하나하나
> 의 문도 다 각각 이처럼 됨을 준하여 알아야 한다. 인다라망이
> 서로서로 비추는 것과 같다. 모든 것이 심식여래장心識如來藏인
> 법성이 원융하기 때문에 사상事相으로 하여금 이렇게 무애하게
> 하고 있다.[83]

이는 바로 중중무진重重無盡한 관계를 설한 것이다. 즉 대수롭지
않게 보이는 그 어떤 것도 실은 무한하게 깊은 의미가 내포되어 있다.
그것을 아는 일심은 여래장심임은 물론이지만, 그와 같은 진여의
법성에서 원융하므로 모든 사상事相이 걸림 없게 된다. 더구나 인다라
망의 비유에서처럼 그것은 끝없는 관계성의 영역을 내포하는 중층적
인 심성인 것이다.

이상으로 법장이 "삼계허망三界虛妄 단시일심작但是一心作"에 대한

---

83 『탐현기』13(『대정장』35, p.347中) "十帝網無礙故說唯識 謂一中有一切 彼一切中
復有一切 既一門中如是重重不可窮盡 餘一一門皆各如是 思準可知 如因陀羅網重
重影現 皆是心識如來藏法性圓融故 令彼事相如是無礙"

해석으로 제시한 십중유식을 자세히 고찰해 보았다. 그것은 유식과 대비함으로써 법장의 유식에 대한 견해가 더욱 명확해질 것을 기대했기 때문이다.

또한 법장교학의 심성론으로서 유심唯心에 대하여 살펴보았다. 원래 다양성을 가진 극히 복합적인 마음의 구조를 한마디로 개념규정을 할 수는 없으므로, 다만 그에 대한 접근방식으로써 유심사상을 매개로 한 것이다.

인간존재의 근거를 마음에서 찾으려고 하는 방법은 불교성립 그 자체에 입각한다고 해야 할 것이다. 그러므로 마음에 관한 테마와 그 분석이 불교의 주류를 이루게 된 것은 유심사상에서 유래한다기보다 마음을 중시하는 붓다의 가르침에서 비롯된 필연적 전개라고 할 수 있다. 또한 마음 그 자체를 파악하기 어렵다는 것도 이유의 한가지일 것이다. 어쩌면 해답이 불가능하다고 해야 할지도 모른다. 왜냐하면 가령 '일체 모든 것은 오직 마음뿐'인 이상 마음은 바로 일체 모든 것이 된다. 그렇다면 마음이든 일체든 그 어느 쪽도 무한하게 반복할 수밖에 없지 않는가. 만약 일체를 분할한다면 그것은 또한 이미 일체가 아니라 일체로부터 멀어져버린다. 그렇다고 해서 '오직 마음뿐'으로부터 벗어난다고 할지라도 역시 파악하기 어렵다는 점은 여전히 남는다. 이는 마음은 알기 어렵다고 하는 것 그 자체가 바로 마음이며, 좀 더 근원적으로는 마음을 파악한다는 그 주체가 마음이기 때문이다.

그러나 마음(주)이 마음(객)을 파악한다는 것은 주체가 그대로 객체가 되는 것은 아니다. 즉 마음이 주체인 한, 주체인 마음은 파악할 수 없다. 마치 눈이 자신의 눈을 보지 못하고 한 개의 손가락이 그

손가락을 만질 수 없는 것과 같은 이치이다. 그러므로 주객이 별도로 존재하지 않는 무애의 입장, 즉 무차별인 것이다.

그런 의미에서 법장의 유심에 대한 입장을 다시 정리해 보면, 유심게의 전반 6게송은 『기신론』의 일심이문一心二門의 구성을 원용하여 화가의 마음과 채색을 생멸문이라 하고, 다시 채색은 끝내 사대四大에 지나지 않으므로 진여문이라는 것이다. 결국 진망화합의 범위를 벗어나지 못하였다고 하겠다.

그 다음 후반의 4게송, 특히 "심불급중생心佛及衆生 시삼무차별是三無差別"에 대해서도 『기신론』의 본각사상에 의하고 있음을 알 수 있었다. 즉 이 게송에 대하여 두 가지로 해석하고 있는데, 하나는 모든 것이 마음에서 일어나므로 그대로 셋이 무차별이고, 다음은 본말관계에서 보는 이해이다. 따라서 유심게에 대한 법장의 유심의 근거는 바로 자성청정심이지만, 교판적 한정의 입장에서 보면 어디까지나 종교終敎에 해당한다.

그러나 당시의 시대적인 배경을 고려하였을 때, 법상교학의 삼승정통설에 대하여 그는 일승의 정통성을 표방하지 않으면 안 되었을 것이다. 왜냐하면 식의 근원에 무의식까지도 포섭한 아뢰야식을 발견한 것은 분명 법상교학의 공적임에는 틀림이 없다. 그러나 근원적인 작용으로서의 아뢰야식은 그 자체가 보이는 것이 아니기 때문에 자연적으로 여러 가지 해석이 가능하다.

그는 자신의 근본적 입각지가 『화엄경』이지만 자내증自內證 세계의 내용으로서 유심이 아니라, 육도를 유전하는 미망의 존재인 중생의 입장에서의 관찰을 시도하였다. 왜냐하면 법장이 추구한 원융한 세계

84

는 우리들의 현실을 떠난 것이 아니기 때문이다.

그렇기 때문에 대승불교사상의 대성자로서 훌륭한 업적을 남기고 있는 용수와 세친, 두 사람이 다 같이 논을 남기고 있는『십지경』의 삼계유심에 대한 해석도 결국은 종교와 돈교에 넣고 있다. 그에게는 법계연기만이 원교, 즉 별교일승이 될 수 있었던 것이다. 이는 그만큼 법장의 유식사상에 대한 비판적인 자세의 반영으로 생각된다.

2. 법장교학과 『기신론』

『기신론起信論』은 저술과 번역, 그리고 성립배경 등 여러 가지의 문제점이 있음에도 불구하고 6세기 후반 이후 중국불교계를 석권하는 듯한 기세로 전파되었다. 이미 6세기 후반부터 오늘에 이르기까지 1,400년에 걸쳐 계속되는『기신론』에 대한 강설이나 연구에 대한 방대한 주석서들이 이를 잘 대변해주고 있다. 따라서 종래『기신론』자체의 사상적 연구는 물론이고 저작과 찬술배경 및 성립에 관한 연구는 비교적 깊이 있게 연구되고 있다. 그러나 법장法藏교학과『기신론』과의 연계성만을 집중적으로 부각시켜서 다룬 논문은 아직 미비한 실정이다.

본 절에서는 첫째, 법장이 세운 교판에서 특히『기신론』을 어떻게 다루고 있으며, 거기서 법장은 무엇을 말하려고 하였는가라는 측면에서 고찰해 보고자 한다. 왜냐하면 교판은 교법을 보는 관점이고, 그것은 또한 자기의 주장이므로 어떤 교판을 세우는가 하는 것은 자신이 불교를 어떻게 파악하고 있는가를 나타내는 것이 됨과 동시에 자신이 무엇을 주장하고 있는가라는 근거가 되기 때문이다.

둘째, 법장의 교학적인 입장은 어떠하였는가라는 문제를 살펴본다. 즉 자신의 교학체계 속에서 유식을 어떤 식으로 수용하고자 하였는가를 밝히려는 것이다. 그 연장선상에서 법장과 가장 밀접한 관계가 있는『기신론』의 사상을 그의 주석서인『기신론의기起信論義記』를 중심으로 살펴보고자 한다. 화엄교학에서의『기신론』에 대한 이해는 『기신론의기』가 결정적인 방향을 부여하였기 때문이다.

또한 법장의『기신론의기』의 모체가 된 원효의『해동소海東疏』와 서로 대비해봄으로써 두 사람이 가지는 해석상의 이견과, 동시에 교학상의 방향설정에 대한 차이점도 아울러 검토될 것으로 기대된다.

1) 법장의 교판과『기신론』

(1) 오교판과『기신론』

오교판五敎判은 법장이 화엄종을 집대성하는 데에 그 조직체계를 정리한다는 이유를 내세우고는, 예로부터 교판을 세운 열 사람[84]의 교판을 거론하여 귀감으로 삼고, 그 후에 자신의 주장을 밝힌 것이다. 따라서 가르침을 내용면에서 5단계로 나누고 가르침이 나타내는 이치에 따라 십종十宗을 개창한다고 하였다.[85] 즉 교敎를 나누는 것과 종宗을 개창한다는 것이 동시에 공존하는 입장이다.

오교를 세우는 이유에 대해서는 다음과 같이 설명하고 있다.

---

[84] 古今立敎의 十師는『오교장』(『대정장』45, p.480中이하)과『탐현기』(『대정장』35, p.110下이하)에 약간의 차이가 있다.

[85] 『오교장』1(『대정장』45, p.481中).

거룩한 가르침은 천차만별이지만 요약하면 다섯 가지로 나눌 수 있다. 첫째는 소승교, 둘째는 대승시교, 셋째는 종교, 넷째는 돈교, 다섯째는 원교이다. 처음의 소승교는 우법이승교愚法二乘敎이고, 마지막 원교는 바로 별교일승別敎一乘이다.[86]

성교聖敎는 다양하지만 실은 소승교에서 원교에 이르는 것은 오교뿐으로, 전자는 우법의 이승이고 후자는 별교일승임을 밝힌 것이다. 『화엄경』은 "원교일 뿐만 아니라 별교일승으로 규정된다"고 하였다. 지엄이 『화엄경』을 '돈원이교頓圓二敎'로 받아들였던 것에 비하면 그것에 일종의 구분을 가한 것이라 할 수 있다. 그렇게 함으로써 법장은 소위 남북조시대의 『화엄경』에 대한 관점으로부터 탈피하였다고 말할 수 있을 것이다.

오교 중에 『기신론』과 관계되는 대승시교大乘始敎와 종교終敎만을 살펴보면, 두 번째의 대승시교는 공시교空始敎와 상시교相始敎의 내용으로 되어 있는데, 공시교는 중관中觀이고 상시교는 법상法相으로 소위 유식이다. 유식이라 하더라도 유식 전반이라기보다 현장이 전한 신유식, 자세하게는 호법護法의 유식법상唯識法相을 의미한다고 하겠다.

세 번째의 종교終敎는 여래장불교를 그 내용으로 한다. 경전으로는 인도불교 후기에 성립한 『승만경』과 『여래장경』, 논으로는 『기신론』을 여기에 포함시키고 있다. 말하자면 대승불교 가운데 궁극에 위치한 가장 우수한 가르침이라는 것이다. 앞의 시교와 네 번째의

---

86 상동(『대정장』 45, p.481中) "聖敎萬差要唯有五 一小乘敎 二大乘始敎 三終敎 四頓敎 五圓敎 初一卽愚法二乘敎 後一卽別敎一乘"

돈교에 비하면 결국 '점교漸敎'가 되는 셈이지만 점교 중에서 고도의
내용을 담고 있기 때문에 종교라 한다는 것이다. 이러한 오교판에서의
규정은 후술할 십종판과 사종판에서 다시 바뀌게 된다.

(2) 십종판과 『기신론』

앞의 오교가 내용상의 단계로 구분하였음에 비추어 십종판十宗判은
가르침이 나타내는 이치를 기준으로 성립된 것이다.

징관의 말에 의하면,[87] 십종판은 규기(窺基, 632~683)가 현장이
전한 법상유식의 삼시교三時敎를 펼쳐서 팔종八宗으로 만든 것에 의거
하고 있다고 한다. 그러나 십종판이 지엄에게서는 보이지 않는 교판이
라는 점과 여기에 오교를 배치시키고 있는 것을 보면 법장의 독창성이
한층 더 돋보인다고 할 수 있다.

그렇다면 법장은 무엇 때문에 오교 외에 또다시 십종을 세워야만
하였는가. 이 점에 대해서는 법장 자신이 명확히 언급하지 않아 분명하
지는 않지만 첫째는 교판의 완벽을 기하기 위함이고, 둘째는 유식에
대처하기 위한 것[88]이 아니었나 생각된다.

우선 『오교장』 「분교개종分敎開宗」에서 설명하는 십종 가운데 『기신
론』과 관련되면서 문제시되고 있는 제7종과 제8종의 내용만을 살펴보
기로 하자.

일곱 번째의 일체법개공종一切法皆空宗은 대승시교大乘始敎를 말하

---

87 『연의초』 14(『대정장』 36, p.107中) "此十宗前六全同大乘法師 大乘則有八宗"
88 石井敎道, 『華嚴敎學成立史』(東京: 平樂寺書店, 1964), pp.361~362.

는데 일체의 제법이 다 진공眞空이라고 설하는 것이다. 그러나 마음 밖으로 나가면 분별이 없기 때문이며, 『반야경』 등의 설과 같다.[89]

이것은 『반야경』과 같이 일체개공을 설명하는 것으로서, 오교에서 볼 때는 대승시교에 해당한다는 것이다.

여덟 번째의 진덕불공종眞德不空宗은 종교終敎와 같다. 모든 경전에서 일체법이 오직 진여라고 말하는 것은 여래장이 진실된 공덕이며 또한 자성의 공덕을 갖추있기 때문이다.[90]

진덕불공종은 오교 중의 종교에 해당하는데, 이것은 바로 여래장진여수연如來藏眞如隨緣을 설명한 것이다. 이와 같이 십종판을 오교에 배치시키고, 이것을 또다시 규기의 팔종과 대조해 보면 육종까지는 모두 소승교에 속하는 것이고 제7종도 공을 중심으로 하는 내용이기 때문에 그런 점에서는 일치하고 있다. 그러나 문제는 규기가 주장한 제8종, 즉 유식을 내용으로 하는 응리원실종應理圓實宗은 십종 중의 어디에 배치시켜야 할 것인가 하는 점이다.

다시 말해 법장의 오교판에서 유식이 대승시교에 포함되어 있다는 점으로 본다면 십종에서는 제7 일체개공종에 유식이 배치되어야 할

---

89 『오교장』 1(『대정장』 45, p.482上) "七一切法皆空宗 謂大乘始敎 說一切諸法皆悉眞空 然出情外無分別故 如般若等"

90 상동(『대정장』 45, p.482上) "八眞德不空宗 謂如終敎 諸經說一切法唯是眞如 如來藏實德故 有自體故 具性德故"

것이다. 그러나 종의 명칭을 고려해 보면 규기의 제8종과 법장의
제7종은 결코 동일한 배치로 규정할 수 없다. 따라서 십종에서는
규기의 제8의 소재가 분명하지 않게 된다.[91] 결국 시교始敎라는 점에서
생각해 보면 제7종에 수록되지 않을 수 없지만 그 종의 명칭 자체가
유식을 수용하지 않고 있다. 삼시교와 오교판, 게다가 제8종까지도
대조해 보면 유식은 제8종이 되지만 여기서는 종교이기 때문에 현장이
전한 유식은 시교라는 판정에 어긋난다. 따라서 유식은 제7·제8종
어디에도 속할 수가 없기 때문에 그 소속이 불분명해지는 것이다.

　이러한『오교장』에서의 대승시교와 종교, 그리고 유식과의 관계에
따른 불분명함은『탐현기』에서 일소되고 있다. 즉 삼시교의 제2·제3
도 대승시교에 포함되어 유식은 종교가 아니라 시교에 해당하는 것으
로 명시되어 있다. 그 이유는『오교장』과 같이 공과 불공을 근거로
하는 것이 아니라,『탐현기』에서는 종교가 일체개성불一切皆成佛을
내용으로 하기 때문에 공을 설명한 제2·제3 시교時敎도 모두 일분불성
불一分不成佛이 된다는 것이다.

　이와 같이『오교장』에 보이는 대승시교와 종교에 대한 규정과 현장
이 전한 유식의 역사적인 의의를 둘러싸고 도출된 불확실성은『탐현
기』에서 어느 정도 불식되었지만 십종판 그 자체는『오교장』과 별로
다를 바가 없다. 또한 현장이 전한 유식에 대한 지칭은 확립되어
있지도 않았다. 그것이 확립된 것은『탐현기』직후에 저작된[92]『기신론
의기起信論義記』에서부터이다. 이 문제에 대해서는 단락을 바꾸어

91　吉津宜英,「華嚴敎判論展開」(『駒澤大學佛敎學部硏究紀要』35, 1977), p.206.
92　졸저,『중국화엄사상사연구』(불광출판부, 1996), pp.175~176.

살펴보기로 한다.

(3) 사종판과『기신론』

오교·십종이 별교일승 화엄원교의 탁월함을 나타내는 데에는 성공하
였으나 대승시교라는 규정만으로 유식의 내용을 파악하였다고 하기에
는 충분하지 못한 감이 있다.

그렇기 때문에 화엄 입장에서는 유식에 대한 규정의 노력이 계속
되었고, 그 결과 이루어진 것이 사종판四宗判이다. 먼저『십이문론종치
의기十二門論宗致義記』에서는 일조삼장日照三藏이 전한 계현戒賢·지광
智光의 공유空有에 관한 논쟁[93]을 계기로 하여 공관과 유식과의 융합을
목표로 양자는 서로 다투어야 할 것이 아니라 진리의 일면을 각각의
입장에서 설명한 것이라고 하였다. 즉 공관과 유식과의 평등성을
주장하면서 또한 유식에 한정을 가한 셈이다.[94]

그리고 여래장 경론의 주석서, 그중에서『밀엄경소密嚴經疏』는 현담
玄談 부분이 부족하여 분명하지 않지만『기신론의기』와『무차별론소
無差別論疏』및『입능가심현의入楞伽心玄義』에도 사종판이 나오고 있
다. 여기서는『기신론의기』에 보이는 사종판 형성의 필연성을 살피고

---

93 深浦正文,『唯識學硏究』(京都: 永田文昌堂, 1954), pp.138~148에서는 淸弁과 護法
의 논쟁은 실제로는 없었지만 空有의 색채가 농후해짐에 따라 만들어진 것이라고
한다. 또한 pp.149~173에서는 戒賢·智光의 논쟁도 일조삼장(地婆訶羅)의 견문
이상으로 법장이 각색한 것이라고 한다.

94『십이문론종치의기』上(『대정장』42, p.213上). 계현의 제3시를 '法相大乘'이라
하고 지광의 제3시를 '無相大乘'이라 한다. 이것이 나중에『입능가심현의』에서는
'법상종', '무상종' 등의 호칭으로 바뀌게 된다.

자 한다.

십문분별十門分別의 제3「현교분제顯敎分齊」의 첫머리를 보면, 교판
에 관한 이설의 소개는『탐현기』로 미루고 오히려 계현·지광의 논쟁기
사는 매우 상세히 서술하고 있다. 그런 다음 사종판에 대해 다음과
같이 논하고 있다.

첫째 수상법집종隨相法執宗은 소승의 모든 경전이 이것이다. 둘째
진공무상종眞空無相宗은『반야경』과『중관론』등에서 설하는 것이
다. 셋째 유식법상종唯識法相宗은 바로『해심밀경』과『유가론』등의
설을 말하며, 넷째 여래장연기종如來藏緣起宗은『능가경』과『밀엄
경』, 그리고『기신론』과『보성론』등이 그것이다.[95]

이를 다시 십종판에 적용시켜 보면, 십종 중에서 제6종까지의 소승
계에 속하는 것은 제1 수상법집종으로 일괄되어 있다. 제2 진공무상종
은『반야경』과『중론』등의 설이라고 서술하고 있으므로 십종판의
제7 일체개공종에 해당하는 것임을 종의 명칭에서도 알 수 있다.
제3 유식법상종은 엄격한 의미에서는 십종의 체계가 아니다. '이理에
의해 사事의 차별을 일으킨다'라고 규정되어 있기 때문에 다음의 제4
여래장연기종의 내용이 이사무애라는 것과 대비하면 이와 사가 대치
하고 있음을 말하고 있는 것이다. 다만 이 경우의 이와 사가 무엇을

95『기신론의기』上(『대정장』44, p.243中下) "一隨相法執宗 卽小乘諸部是也 二眞空
無相宗 卽般若等經 中觀等論所說是也 三唯識法相宗 卽解深密等經 瑜伽等論所說
是也 四如來藏緣起宗 卽楞伽密嚴等經 起信寶性等論所說是也"

92

의미하는 것인지는 분명하지 않지만 법상法相과 법성法性의 대응이 각각 사와 이에 해당하는 듯하다.[96] 제4 여래장연기종도 십종판에는 없는 종의 이름이지만 내용적으로는 종교의 위치인 제8 진덕불공종에 해당한다. 그러나 사종판에서는 십종판과 같이 오교에 배당하지도 않고, 또한 여래장연기종을 종교라고 규정하지도 않는다.

따라서 오교판과 사종판의 관련이라는 문제를 법장이 최후까지 분명히 하지 않았다는 점[97]이 법장 이후의 교판론의 전개를 우여곡절이 있는 것으로 만들었다고 할 수 있다.[98]

사종판은『기신론』등의 교리가 여래장연기를 근본으로 하는 것이라 규정하고, 그러한 선상에서 공과 유식을 비판하기 위한 교판이라 할 수 있다. 다시 말하면 일체개성불一切皆成佛과 일분불성불一分不成佛과의 대치를 분명히 하고, 여기에 유식법상종을 자리매김함으로써 결과적으로는 십종판에서의 불만을 해소시킨 것이다.

2) 유식교학에 대한 법장의 대응

법장 자신의 학문적 입장은 어떠하였는가. 법장이 그의 철학을 체계화

---

96 吉津宜英,「法藏の四宗判の形成と展開」(『宗教研究』 240, 1979), p.97.
97 오교판과 사종판을 결부시킨 것은 權實이라는 입장에서일 것이다. 왜냐하면『무차별론소』(『대정장』 44, p.63上)에서는 권실을 설명하고『기신론의기』(『대정장』 44, p.243下)와『입능가심현의』(『대정장』 39, p.427下)에서는 모두 權教는 一分不成佛, 實教는 一切皆成佛을 나타내고 있다. 따라서 이것은 오교판에서의 始終二教에 대한 구별이기도 하기 때문이다.
98 예를 들면 직제자인 慧苑의 새로운 사교판, 징관의 새로운 십종판, 종밀의 오종 등은 모두 오교판과 사종판의 관계에 대한 각자 입장에서의 해답이다.

하기 위해 논리적 기반으로 삼은 '인문육의因門六義'와 '삼성동이의三性
同異義'의 논리는 법상종의 학설에서 원용하였음에도 불구하고 법상유
식을 대승시교로 판정하고 있다. 그런 의미에서 법장의 유식에 대한
대응방법은 어떠하였는가를 살펴보고, 또한 법장과 가장 밀접한 관계
에 있는『기신론』의 사상을 그의 주석서인『기신론의기』를 중심으로
검토해 보겠다.

『기신론』자체의 의도와『기신론』교설의 취지가 반드시 화엄교학
의『기신론』이해와 동일하지 않다는 것은 이미 지적된 바이지만[99]
그 내용이 오히려 주석서를 통하여 더욱 더 잘 표현된 면도 있다.
따라서『기신론』을 중심으로 원효와 법장 두 사람의 해석상의 차이와
두 사람의 교학의 방향성에 대한 차이점을 함께 살펴볼 수 있을 것이다.

법장의 화엄은 현장의 유식학을 단순히 부정하거나 무시하지 않고
오히려 자신의 화엄체계 속에 포용하면서도 다시 이를 초월해야만
하는 입장이었다.[100] 앞서 살펴보았듯이 법장은 법상유식을 대승시교
로 판정하고 있다. 이는 당唐왕조를 거역하고 성립한 측천무후의
무주武周왕조에 권위를 부여하기 위한 하나의 표현이었을 뿐만 아니

99 柏木弘雄,「中國・日本における『大乘起信論』硏究史」(『如來藏と大乘起信論』, 東
京: 春秋社, 1990), p.305.
100 鎌田茂雄,『中國華嚴思想史の硏究』(민족사, 1982), pp.144~148에서 태종정관・
영휘연간(永徽年間, 627~655)은 현장・규기의 유식학이 한 시대를 풍미하던 시기
로, 소위 현장의 법상종은 태종의 보살핌을 받으며 융성하던 때였다. 그러나
측천무후는 당에 대해 武周혁명의 합리성을 주장하고 그 근거를 얻기 위해 강력한
종교사상이 필요하게 되었다. 이러한 시대적인 요구에 부응한 종교사상으로서
형성된 것이 바로 법장의 화엄이었다고 지적한다.

라, 화엄종이 법상종보다 고도의 사상적 체계라는 것을 나타내는
의미이기도 하였다.

　이러한 측면에서 법장은 유식학에 대해 어떻게 대처하였을까. 「십지
품」 제6 현전지現前地의 일심소섭一心所攝으로 불리는 "삼계허망三界虛
妄 단시일심작但是一心作"의 해석에서 법장이 제시한 십중유식十重唯識
의 교리를 고찰하기 전에 먼저 소위 유심게唯心偈에 주목해 보자.

　법장은 아홉 번째의 보살이 '여래림如來林'으로 불리는 것에 대해
"마음에 진여를 관하기 때문에 여래림이라고 한다"[101]고 설명하였다.
여기서 '심진여心眞如'가 나오는 것은 『기신론』의 일심이문[102]에 근거하
여 유심게를 주석하고 있음을 알 수 있다.

　또한 전체 십게十偈의 전반을 이분하여[103] 화가가 그린 채색과 사대四
大와의 관계를 논하는 부분에서도 사대를 진법으로 보고 채색을 망법으
로 해석하고 있다. 이는 '망'이 '진'에 의거하는 『기신론』의 심진여문에
해당된다고 하겠다. 이와 같이 전반의 6게송은 『기신론』의 일심이문의
구성을 원용하고, 공화사工畵師의 마음(일심)과 채색(망)을 생멸문이
라 하고, 채색은 원래 사대(진)에 지나지 않는 진여문으로 파악하여
철저하게 진망론에 근거해서 해석하고 있다. 즉 『기신론』을 인용하
여[104] 심진여문과 심생멸문의 입장에서 일체 중생은 '진'에 의해 연기한

---

101 『탐현기』 6(『대정장』 35, p.215中).
102 『기신론』(『대정장』 32, p.576上) "依一心法 有二種門 云何爲二 一者心眞如門
　　二者心生滅門"
103 『육십화엄』 10(『대정장』 9, pp.465下~466上).
104 『탐현기』 6(『대정장』 35, p.215中).

것이라고 한다.

다시 말하면 본식의 마음이 명언名言·유지有支·아견我見 등의 훈습에 의해 지옥·아귀·축생·수라·인간·천상의 육도六道로 나타난다고 한다. 그러므로 연緣을 만나 실實에 따르면 차별상은 다하여 유일진여唯一眞如가 되고, 말末을 포섭하여 본本으로 회귀하면 육도의 이형異形은 유심唯心으로 전변한다는 것이다. 즉 전자가 심진여문이고 후자가 심생멸문이어서, 이 이문은 무애이고 다만 일심이라는 것이다.

그리고 뒤의 네 개의 게송 중 일곱 번째 게송인 "심불급중생心佛及衆生 시삼무차별是三無差別"에 대한 법장의 설명에서도[105] 두 가지 해석을 거론하고 있다. 하나는 모두 마음에서 발생하기 때문에 마음과 부처, 중생이 무차별이라는 것이다. 마음이 부처가 되기 때문에 마음과 부처는 다른 것이 아니고 마음이 범부로 되기 때문에 부처와 중생은 다르지 않으며, 능의能依·소의所依가 동일하기 때문에 무차별이어서 결국 심불중생삼무차별心佛衆生三無差別이라는 것이다.

또 하나는 '심불중생삼무차별'을 본말의 관계에서 보는 것이다. 첫째는 유본唯本으로의 불佛, 둘째는 유말唯末로의 소변所變의 중생, 셋째는 능변能變의 마음이다. 이 세 가지는 본말의 관계이기 때문에 서로 융통무애이다. 그리하여 '심불중생삼무차별'에 이른다는 것이다.

이상이 유심게에 대한 법장의 해석이다. 이것은 『기신론』에서 심진여·심생멸의 관계[106]에 토대를 두고 시도되고 있음을 알 수 있다.

---

105 상동(『대정장』 35, p.215下).

106 玉城康四郎, 「唯心偈と全人格的思惟」(『南都佛教』 61·62, 1989), p.31에서 법장이 眞如·隨緣을 차용하여 유심게를 해석하는 것이 하나의 견해임에는 분명하지만

이러한 사실은 그의 교학 체계 중에서 어떤 의미를 지니는 것인가? 이에 대한 해명으로 '일심'의 해석에서 법장이 제시한 십중유식을 살펴보면, 십중유식이 규기의 오중유식[107]으로부터 환골탈태하였다는 것은 널리 알려진 바이다. 그러나 법장은 오중유식을 화엄의 입장에서 재조직하고 화엄의 십중유식으로 만들었다. 이것은 말 그대로 십종으로 거듭되는 유식을 보는 견해라는 것이다. 현재 법장의 해석을 통하여 그의 유식에 대한 이해와 그 독자성을 살펴보면,[108] 십문十門을 아래와 같이 오교판에 적용시키고 있다.

①에서 ③까지는 대승초교大乘初敎

④에서 ⑦까지는 종교終敎·돈교頓敎

⑧에서 ⑩까지는 원교圓敎·별교別敎

위에서 초교의 삼문은 『섭대승론』, 『유식론』, 『해밀심경』, 『이십유식론』, 『관소연론觀所緣論』, 『대승장엄론大乘莊嚴論』 등을 중심으로 해석하고 있고, 다음의 종·돈 이교의 사문은 『능가경』, 『승만경』, 『보성론』, 『기신론』 등에 의해 해석하고 있다. 전자는 아뢰야식사상의 입장이고 후자는 여래장사상의 입장에 근거하고 있다. 이 아뢰야식연기와 여래장연기는 둘 다 법계연기에 의해 체계화된 소위 법장의

여기서 불도를 향한 誘發力이라는 것은 거의 느낄 수 없으며 게문 자체가 표명하려는 원뜻과도 관계가 없다고 한다.

107 『의림장』 1(『대정장』 45, pp.258中~259上) "① 遺虛存實識, ② 捨濫留純識, ③ 攝末歸本識, ④ 隱劣顯勝識, ⑤ 遺相證性識"

108 『탐현기』 13(『대정장』 35, p.247上中). 그리고 十門을 구족한 것은 同敎一乘의 입장이라고 한다. "上來十門唯識道理 於中初三門約初敎說 次四門約終敎頓敎說 後三門約圓敎中別敎說 總具十門約同敎說"(『대정장』 35, p.347中下)

성상융회性相融會의 입장을 나타내는 것이다.

이와 같이 십중유식을 기준으로 하여 볼 때 십지의 제6 현전지의 문장에서조차 종·돈교로 다루고 있다는 것은 법장이 유식사상을 엄격히 비판한 태도의 반영이라고 하지 않을 수 없다.

지금까지 법장교학과 『기신론』과의 관계를 중심으로 살펴보았다. 먼저 오교판은 화엄을 정점으로 불교 전체에 대한 가치기준을 정의한 것이기 때문에 『기신론』은 여래장불교를 대표하는 『승만경』 등과 같이 종교終敎에 배치되고 있다. 그러나 종교는 돈교頓敎에 비하면 시교始敎와 함께 점교漸敎의 입장에 불과한 것이다.

십종판에서는 시교와 종교, 유식과의 관계를 정의하면서 애매하던 점이 『탐현기』에서 불식되었으나 유식에 대한 지칭은 아직 확립되지 않았다. 그것이 확립된 것은 바로 『기신론의기』에서이다. 즉 오교·십종은 별교일승別敎一乘인 화엄원교의 탁월함을 나타내는 데는 성공했지만, 대승시교라는 규정만으로 유식의 내용을 파악하였다고 보기는 어렵다.

법장은 화엄교학의 입장에서 유식의 규정에 대한 노력을 계속하였고, 그 결과로 이루어진 것이 바로 사종판이다. 즉 화엄교학의 우위를 나타내고자 하면 할수록 『오교장』의 문제점이 점차로 드러나서 마침내 『기신론의기』의 성립을 재촉하게 되었던 것이다.

이러한 과정을 통해 법장은 『기신론』의 교리를 여래장연기라 규정하고 그 입장에서 일체개성불一切皆成佛을 설한 여래장연기종과 유식 이하의 일분불성불一分不成佛과의 대치를 명확히 구별하였다. 이렇게

'유식법상종'의 위치가 부여됨에 따라 결과적으로는 십종十宗에서의 미비한 점이 해소된 것이다. 그러나 『기신론』은 종교라는 엄격한 한정이 가해지고 있었다. 이것은 법장이 두 가지의 입장을 가지고 대처한 것이라고 말할 수 있는데, 하나는 『화엄경』의 지상성至上性을 나타내는 체계와 다른 하나는 법상유식에 한정을 부여하겠다는 의도 이다. 전자는 '오교·십종'이고 후자는 바로 '사종판'인 것이다.

그렇다면 이러한 법장의 태도 변화는 무엇을 의미하는 것인가. 그것은 법장이 현장·규기의 유식학을 포용하면서도 이로부터 또다시 초월하고자 하였음을 말해준다. 그러한 의미에서 법장의 유식에 대한 대응자세의 일단을 살펴보았던 것이다. 그 결과 '유심게'나 '십중유식十 重唯識'에 대한 해석에서도 『기신론』의 심진여·심생멸의 관계에 토대 를 두고 있음을 알 수 있었다.

3. 법장교학의 확립과 『대승기신론의기』 찬술

중국 화엄교학을 체계화한 현수법장賢首法藏[109]은 많은 저술을 남겼는 데 현존하는 것만도 25부나 된다. 그 가운데서도 『대승기신론의기大乘 起信論義記』, 『대승기신론별기大乘起信論別記』, 『대승밀엄경소大乘密 嚴經疏』, 『대승무차별론소大乘無差別論疏』, 『입능가심현의入楞伽心玄 義』 등은 주로 여래장계통과 관련이 있는 저작들로 특히 『대승기신론의

---

[109] 그는 賢首大師·香象大師·康藏法師·華嚴和尙이라고도 敬稱되며, 그의 전기는 『송고승전』 5(『대정장』 50, p.732上中), 『법장화상전』(『대정장』 50, pp.280 下~286中) 등에 나오고 있다.

기』(이하『의기』로 약칭)가 후대에 미친 영향은 상당한 것이었을 뿐만 아니라, 법장교학의 형성에도 큰 비중을 차지하는 저작이라고 할 수 있다.

그러나 정작 그 모체가 되는『대승기신론』(이하『기신론』으로 약칭) 자체의 찬술에 대한 문제는 아직까지도 명확한 결론을 얻지 못하고 있는 실정이다. 이 논쟁에 참여하고 있는 학자들의 주장들은 제 나름대로의 가능성을 지닌 주장들이라고는 할 수 있지만, 그러나 무엇보다도 법장의『의기』의 출현으로 인해『기신론』은 그야말로 부동의 지위를 확립하게 되었고, 또한 그 이후『기신론』연구를 위한 지침서적인 역할을 맡게 된 것도 주지의 사실이다.

그래서 본 절에서는 법장 이전의 주석서들을 먼저 살펴보고, 그 연장선상에서 특히 원효의『기신론소』의 영향 등을 검토한 후에, 법장교학의 확립과『의기』의 찬술의도와 특징을 파악해 보고자 한다.

그리고 종래 원효의『기신론소』가『의기』에 미친 영향 등이 지적된 바 있으나,『기신론』을 바탕으로 야기되는 두 사람의 근본적인 상이점의 검토도 시도해 보려고 한다. 그러나 결과적으로는 법장교학에 있어서『의기』의 찬술이 지니는 문제점의 해명이 중점적인 과제가 될 것이다.

1) 법장 이전『기신론』주석서와의 연관성

(1) 담연의『기신론의소』

『기신론』의 내용은 오히려 주석서에 의해서 더욱 더 알려지게 되었다고 할 수 있다. 그것은『기신론』을 찬술한 저자와 번역자에 대한

100

여러 논쟁들이 주석서의 역사 속에서 생겨나고, 혹은 인위적으로 만들어진 것들이 많기 때문이다. 따라서 법장의 『의기』 찬술을 살펴보기 전에 『의기』 이전에 저술된 여러 주석서의 검토가 선행되어야 할 것이다.

『기신론』은 전체를 오분五分, 즉 인연분因緣分·입의분立義分·해석분解釋分·수행신심분修行信心分·권수이익분勸修利益分 등으로 나누고 있는데, 「입의분」에서 제시된 일심이문삼대一心二門三大를 「해석분」에서 다시 자세히 설명하고 있다. 그리고 「해석분」은 다시 현시정의顯示正義와 대치사집對治邪執, 분별발취도상分別發趣道相으로 나누고 있는데, 바로 이 「해석분」의 내용이 앞서 「입의분」의 어느 부분에 해당하는 해석인가를 결정하는 것이 바로 주석가들이 과문科文을 세우는 기준[110]이 되고 있다. 물론 현존하는 『기신론의소起信論義疏』에는 전사傳寫할 때의 잘못으로 다수의 오자라든가, 또한 주기註記가 본문인 것처럼 삽입된 내용적 혼란함이 있으나, 잔존하고 있는 상권의 주석내용은 상당히 간결하면서도 요점이 분명하고 본문의 하나하나의 장구章句에 대한 주해는 직후에 저술되었다고 생각되는 혜원의 『기신론의소』와 비교하더라도 『기신론』 자체의 취지를 정확하게 파악하고 있다.[111]

먼저 담연(曇延, 516~588)의 『기신론의소』(이하 『담연소曇延疏』로 약칭)는 「입의분」에 근거하여[112] 「해석분」 전체를 법法과 의義의 이문二

---

110 吉津宜英, 「法藏 『起信論義記』の研究」(『驅澤大學佛教學部論集』 11, 1980), p.142.
111 柏木弘雄, 『大乘起信論の研究』(東京: 春秋社, 1981) p.189.
112 『담연소』는 「立義分」의 하나하나의 語句에 배대하여 '解釋分'의 내용을 해석하고

門으로 파악하고[113] 있는데 이는 법장의 과문과 아주 다른 점이다. 왜냐하면 후술하듯이, 법장은 일심이문一心二門을 중심으로 하여 의義를 생멸문生滅門 속에 포함하고 있기 때문이다. 그리고 원효나 법장이 아리야식 중의 공능에 훈습의 근거를 두고 있는 반면, 담연은 심생멸心生滅이 대승의 체·상·용을 나타내는 것으로 훈습의熏習義를 설명하고 있다.

그러나 무엇보다도 『담연소』의 특징은 진제삼장이 역출한 『섭대승론攝大乘論』(이하 『섭론』으로 약칭)과 『섭대승론석攝大乘論釋』에 근거하여 주석하고[114] 있다는 점이다.

있는데 이 방법은 후대 여러 주석서에서도 그대로 따르고 있다.

113 『속장경』 1-71-3, p.267丁右. 『담연소』는 원래 2권 또는 3권이었으나 상권만이 현존하고 있다. 따라서 「해석분」의 주석이 현존하지 않기 때문에 「입의분」으로 추정할 수밖에 없지만, 과문은 미리 제시하는 것이므로 현존하지 않는 부분의 분과도 살필 수 있다. 그리고 柏木弘雄, 『大乘起信論の硏究』, p.26에서는 『담연소』가 현존하는 最古의 주석서라고 지적하고 있다. 그러나 松本文三郎, 「起信論の譯者とその註疏」(『藝文』 1-8, 1912)에서는 후대 사람이 『해동소』에 근거하여 작성하고 저자를 담연에게 가탁한 것이라고 하고, 脇谷撝謙, 「起信論疏述作者としての曇延と曇遷」(『六條學報』 128, 1912)에서는 『섭대승론』을 北地에 전파한 담천의 저술이라고 한다. 끝으로 필자의 입장은 무엇보다 『담연소』가 아니라는 자료도 없고, 또한 가탁이라 하더라도 담연과 무관하지 않을 것이라는 점에서도 인정하고 싶다.

114 柏木弘雄, 「曇延の『大乘起信論義疏』について」(『印度思想と佛敎』, 東京: 中村元博士還曆記念論集, 1973), p.173. 그러나 高崎直道, 「眞諦譯·攝大乘論世親釋における如來藏說-寶性論との關聯」(『佛敎思想史論集』, 東京: 結城敎授頌壽記念, 1964)에서는 『寶性論』과의 연관성을 지적하는데, 예로 '不思議業相'의 주석에서는 『보성론』의 '佛身示現'에 관한 게송(『대정장』 31, p.842上)을 인용하는 등이 있다.

따라서 『섭론』에 근거하고 있기 때문에 전체에 아리야식사상이 여래장보다 강조되어 있다. 즉 심식설은 아리야식 또는 본식과 육·칠식과의 관계로 나타나고 있다. 예를 들면 전체의 골격을 나타내는 「입의분」에서 "법이란 중생심을 말한다"[115]를 주석하는 데에도 역시 "육칠식심六七識心을 능히 현시하기 때문에 법이라고 한다"[116]라고 하여 육·칠식으로 일관하고 있으나, 삼대의三大義의 입장에서 보면 중생심이 대승의 의義를 잘 나타내고 있다고 설한 것이다.

다시 말하면 담연은 팔식분별八識分別[117]을 삼세육추三細六麤 등의 해석에서도 하고 있지만 규정하는 방법은 다른 주석가들과 비교해서 명확하지 않음을 알 수 있다. 그것은 먼저 『섭론』의 팔식분별의 반영으로써 삼세육추·오의五意·육염六染 등을 단순히 관련시키지 않고, 본문에 입각하여 그것들의 의미를 생각하였다고 할 수도 있다. 즉 육추의 지상智相·상속상相續相은 6식위識位라 하면서도 오의의 지식智識과 상속식相續識은 제7식위識位라고 하는 부분에서도 엿볼 수 있기 때문이다.

그리고 『담연소』는 『섭론』 교학에 의거하면서도 수순의 해석이라든가 허공에 대한 비유를 주편과 무차별의 두 뜻으로 개진하여 본각과 연관되는 해석을 하고 있는데, 이는 『기신론』의 문장을 충실하게 주석한 태도이기도 하거니와 동시에 그의 독자성이라고 할 수 있을 것이다.

---

115 『대정장』 32, p.575下.
116 『속장경』 1-71-3, p.266左下.
117 아리야식을 본식이라고 부르고 또한 육·칠식이라고 하기 때문에 전체로는 팔식분별이기는 하나, 후대 사람들처럼 체계적이지 않다.

(2) 혜원의 『기신론의소』

혜원(慧遠, 523~592)의 『기신론의소起信論義疏』(이하 『정영소淨影疏』로 약칭)에 대해서는 위찬설僞撰說[118]이 제기되고 있지만, 여기서는 거론하지 않기로 하겠다.

『정영소』에는 혜원이『담연소』를 보았다고 생각되는 흔적이 엿보이지만『기신론』에 대한 분과의 구성은 전혀 다르고, 부분적인 어구에 대한 해석을 그대로 인용하지도 않았다.

그런 의미에서 혜원은『섭대승론』이나『성유식론』과 같이 논리적인 논증이 아니라『능가경』이나『승만경』 등과 같은 여래장경전에 근거하여 형식적으로 제7식의 논증을 시도한다는 면에서, 결국 지론종 남도파의 견해를 고수한 것이라고 지적되고 있다.[119] 이 점은 앞에서 살펴보았듯이『담연소』가 거의 다른 경론을 인용하지 않고, 시종 『기신론』에 대한 주석을 충실히 하면서 도처에 진제 번역의『섭대승론』 및『섭대승론석』을 원용하고 있는 점과는 아주 대조적이라 하겠다.

『정영소』의 과문科文도 특이한 면이 없지 않지만, 그것은 심생멸문의 분류에서 두드러진다. 다른 주석가들이「입의분」에 의거하여 생멸인연의 일단으로 규정하는 것을 혜원은 진망의지眞妄依止로 파악하고, 그리고 4종류의 법훈습을 진망훈습이라 하고, 시각과 본각에서 이미

---

118 望月信亨,『大乘起信論之硏究』(東京: 金尾文淵堂, 1922)에 자세히 소개되어 있다. 근래 연구로는 柏木弘雄,「曇延の『大乘起信論義疏』について」와 吉津宜英,「慧遠『大乘起信論義疏』の硏究」(『駒澤大學佛敎學部硏究紀要』34, 1976)의 논문 등에서도 거론되고 있는데, 어느 쪽도 혜원의 저술임을 긍정하는 입장이다.
119 李平來,『新羅佛敎如來藏思想硏究』(민족사, 1996), p.256.

8식설을 적용시켜 전개해 나가는 것은『대승의장大乘義章』'팔식八識
義'의 교학이 도입되어 있음을 알 수 있다.[120]

다시 말하면 과문에서 이미 8식이라는 단어가 나오고 있듯이,『정영
소』에는 팔식분별[121]이 도처에 보이고, 다음과 같이

심진여란 제9식이다. 전적으로 이것은 진인 까닭에 심진여라 이름한
다. 심생멸이란 제8식이다. 연에 따라 망을 이루며 체를 섭하여
용을 따르며 심생멸 가운데에 섭재한다. … 여래장如來藏에 의지하
는 것, 이것은 제8식이다. 생멸심이 있는 것, 이는 제7식이다.[122]

라고 하여 구식설까지도 제시되고 있다. 그러나 진여는 식이 아니고,
제8식으로서 생멸문을 해석하는 것은 지론종 남도파에 속하는 혜원의
입장이 나타나 있다.[123]

또 이러한 심식설을 포함하여『기신론』의 배경으로서『능가경』을
중시하여 '경본經本'[124]이라고 호칭하고 있다.

---

120 吉津宜英,「大乘義章八識義研究」(『駒澤大學佛敎學部硏究紀要』30, 1972), p.128.
121 『대정장』44, p.179下. 五意 전체를 제7망식으로 하기 때문에 삼세육추의 지상과
    상속상도 제7識位가 된다. 따라서 제8식은 여래장불성과 일체가 된 아리야식이고
    진식이라고도 한다.
122 『대정장』44, p.179下 "心眞如者 是第九識 全是眞故名心眞如 心生滅者 是第八識
    隨緣成妄 攝體從用 攝在心生滅中"; p.182中 "依如來藏者是第八識也 有生滅心者
    是第七識也"
123 李平來, 앞의 책, p.223.
124 『대정장』44, p.181下 "此中尋經本中有其六種"; p.185上 "經本之中境界爲風 何故
    論主無明爲風"; p.194中 "經本之中爲眞相了別也"

그리고 삼세육추·오의·육염과 팔식의 관련문제는 오의 전체를 제7식이라 하고, 또한 육추의 지상과 상속상을 제7식의 위치에 두는 점에 혜원의 특색이 있다. 다시 말해 혜원의 교학은 철저한 진망론이며, 진식은『능가경』에 의거하여 규정한 것이지만, 망식은 오로지『기신론』의 삼세육추 등에 근거한 것[125]이다.

(3) 원효의 『기신론소』

원효(元曉, 617~686)의 『기신론소起信論疏』(이하『해동소海東疏』로 약칭)가 『담연소』를 참조하고 있는 것은 선행연구이므로 당연한 일이지만 『정영소』를 참작한 문장은 보이지 않는다. 다만 『정영소』와 관련이 있다고 생각되는 것은 『능가경』을 중시하고 있다는 점이다.[126]

그리고 과문에서도 유식교학이 도입되어 있는데 『담연소』와 마찬가지로 현시정의를 크게 법과 의로 나누고, 법은 다시 심진여와 심생멸의 이문으로 나눈다. "이문을 일심으로 연다"는 표현은 이문으로 열기는 하지만, 실은 일심에 주안점이 맞추어져 있다는 뜻이다. 그리고 심진여 문에서 삼성설三性說을 도입하여 분과하고 있는 것은[127] 다른 주석가들에게서는 볼 수 없는 독자적인 것인데, 여기서도 법상유식과 『기신

---

125 吉津宜英,「淨影寺慧遠の妄識考」(『駒澤大學佛教學部研究紀要』 32, 1974).

126 『대정장』 44, p. 208中 "如四卷經言 如來藏爲無始惡習所熏 名爲藏識"의 내용이 그대로 4권본 『楞伽經』에 보인다. 『대정장』 16, p. 510中 "爲無始虛僞惡習所熏 名爲藏識". 이외에도 p. 216上 "如十卷經云 識有二種滅"과 p. 206下 "如經言如來藏 者是善不善因" 등 여러 곳에서 볼 수 있다.

127 『대정장』 44, p. 207中 "一者當眞實性以顯眞如 二者對分別性而名眞如絶相 三者就 依他性以顯眞如離言"

론』을 일심의 입장에서 융회하고자 하는 의도가 나타나 있다. 그것은 아리야식을 설하고 있으면서도 팔식분별이 분명하지 않은 『기신론』과 명백하게 팔식의 체계를 가진 법상유식과의 융회를 시도하기 위해 제7식의 논증에 노력하고 있기 때문인데, 그러한 의도가 더욱 분명히 나타나는 것은 삼세육추의 지상智相, 오의의 지식智識 등과 제7 말나식을 동일시하는 점이다.

또한 시각인 생生·주住·이異·멸滅의 4상相에도 팔식분별을 도입하여, 생상은 제8식위識位, 주상은 7식위, 이상과 멸상은 6식위라고 규정하고 있다.

그리하여 삼세三細를 유식에서의 견분見分, 상분相分에 배대한 것은 법장도 『의기』에서 그대로 따르고 있다. 그러나 원효는 지상智相 이하의 육추를 모두 생기식生起識에 배대하였다. 다시 말하면 제7식은 염오식으로서 진망화합식이 아니므로 아리야식이라고 한 삼세에 배대할 수도 없고, 또한 외경外境에 반연하는 식이 아니므로 전前6식과는 다르기 때문에 삼세육추에 배대할 수도 없어서 이를 제외한 것이다.

그러므로 『해동소』는 『담연소』를 참작하고 있기 때문에 과문의 골격은 거의 동일하지만 일심관에 근거하여 정리하고 있는 점이 다르다. 또한 법장이 『기신론』과 법상유식의 성격을 구별해가는 입장이라면, 원효는 융회라고 하는 목적을 가지고 양자를 일심一心[128]을 바탕으로 하여 화쟁하였다고 할 것이다.

---

[128] 吉津宜英, 앞의 논문, p.155에서 중생심을 '一心'이라고 규정하는 것은 원효뿐이며, 담연은 '六七識心', 혜원은 '眞心', 법장은 '如來藏心'이라고 한다고 지적한다.

2) 『기신론의기』의 찬술의도와 성격

화엄교학에서 『기신론』[129]에 대한 이해에 결정적인 방향을 부여하게
된 것은 주로 법장의 영향이었고, 이를 제시한 것이 바로 『기신론의
기』이다.[130] 『의기』는 정영사 혜원의 『정영소』와 원효의 『해동소』와
함께 예전부터 '기신론의 삼소三疏'라고 부르고 있다. 이들 삼소 중에서
연대적으로 선행하는 『정영소』가 중국불교의 교학 중에서 비교적
자주 인용되지 못하였던 것은 두 소와 비교해서 그 내용이 정리되어
있지 못하였을 뿐 아니라, 후대의 불교학에서 볼 때는 『기신론』에
대한 관심이 주로 전통적인 화엄교학의 전개와 관련되어 이루어졌기
때문이라고 지적되고 있다.[131]

이에 반하여 원효의 『해동소』는 본론 전체에 걸친 면밀한 과분科分을
배치하고, 문단과 단어의 해석에 이르기까지 『기신론』 전체 구성과의
관계에 대해서도 일관된 배려를 갖춤으로써 종래의 『기신론』 주해의
면모를 일신한 것이었다. 법장의 『기신론의기』도 『해동소』를 모체로
하고 있고 주석상의 과문과 어구의 해석 역시 원효의 창안에 따른
부분이 많다.[132]

---

129 『기신론』의 성립 및 연구사에 관해서는 柏木弘雄,「中國・日本における『大乘起信論』研究史」(『如來藏と大乘起信論』, 東京: 春秋社, 1990), pp.325~327에 상세히 설명되어 있다.

130 一色順心,「華嚴の眞妄說と起信論」(『印度學佛教學硏究』32-2, 1948), p.667.

131 柏木弘雄, 앞의 논문, p.298.

132 『기신론의기』의 각주가 대응부분을 지적하고 있는 점에서도 알 수 있다. 또한 今津洪嶽,『佛教大系-大乘起信論-』(東京: 佛教大系刊行會, 1918)에서는 진제가 번역한 것을 저본으로 하여 실차난타의 唐譯 및 『淨影疏』,『海東疏』,『賢首義記』

그러나 양자는 중요한 곳에서 그 차이점이 두드러지게 나타나고 있다. 그것은 원효가 여래장사상과 현장이 전한 유식교학을 화회화쟁和會和諍하려고 노력하고 있었던 데 반하여, 법장은 『기신론』의 주석 중에서 특히 현장이 전한 유식교학을 배제하고 있다는 점이다.[133]

법장의 교학형성에 끼친 원효교학의 영향은 『기신론소』뿐만 아니라 『이장의二障義』와 『십문화쟁론十門和諍論』의 인용문 등이 『오교장』에도 나타나 있다는 것은 주지의 사실이다.[134] 그러나 인용하고 있다는 것과 그 설을 수용하고 있다는 것은 별개라는 점을 유의해야 할 것이다.

『기신론』에 대한 주석으로만 한정짓는다면 법장은 분명히 원효의 해석을 비판하고 있다고 하지 않을 수 없다. 왜냐하면 원효의 입장에서는 『화엄경』과 『기신론』이 근원적으로 동일하다고 보는 반면, 법장의 견해로는 이것을 인정할 수 없기 때문이다. 따라서 법장의 오교판을 기준으로 말하자면 『화엄경』의 가르침은 원교이기 때문에 종교 혹은 돈교에 배치된 『기신론』의 교리와는 확연히 구별되는 것이다.

그럼에도 법장의 『기신론의기』에는 원효의 『기신론소』와 『별기』를 상당부분 참조하여, 어떻게 생각하면 그대로 베낀 것이 아닐까라는 착각을 일으킬 정도로 유사한 부분이 보이고 있다.[135] 그러나 중요한

등을 대조하고 있다.

133 吉津宜英, 「法藏の大乘起信論義記について」(『印度學佛教學研究』 29-1, 1980), p.43.

134 橫超慧日, 「元曉の二障について」(『東方學報』 11-1, 1940); 鎌田茂雄, 「十門和諍論の思想史的意義」(『佛教學』 11, 1981).

135 예를 들면, 『해동별기』, p.67에 생멸문 중에서 三大를 나타내고 있는 이유에 대한 답변이 『대승기신론의기』(『대정장』 44, p.69)에서 인용되고 있는 것 등이다.

부분에서는 양자가 입장을 달리하고 있다. 그것이 바로 유식교학에
대한 태도이다.

원효는『기신론』과 유식학의 모순이 없음을 논증하고 융화일심의
정신을 실증하고 있다. 뿐만 아니라 원효는 발심수행發心修行을 중시하
고 있기 때문에 이것이『기신론』의 해석에도 반영되고 있다.[136] 이에
비해 법장은 원효가 도입한 유식교학 부분을 모두 배제시키고『기신
론』은 여래장연기[137]를 종지宗旨로 하는 것이어서 법상유식종 소속이
아니라는 논지로 이끌어가고 있다. 사종판四宗判이 바로 그것으로
이러한 주장을 잘 나타내고 있으며『기신론의기』에도 보인다.

또한 시각始覺의 생·주·이·멸의 사상四相 해석에서도 원효는 팔식
분별八識分別을 하여 주상住相을 제7식에 배치하고 있지만,[138] 법장은
생상生相에 삼세三細 중의 업상業相, 주상住相에 삼세 중의 전상轉相과
현상現相, 육추六麤 중의 지상智相과 상속상相續相 등을 해당시키고,
이상異相에 집취상執取相과 계명자상計名字相, 마지막으로 멸상滅相에
기업상起業相을 배치시켰다. 업·전·현의 세 상相은 아뢰야식에 속한
다고 하면서도 지·상속의 두 상은 분별사식分別事識의 세분위細分位,

(각 소의 비교를 위해 今津洪嶽,『佛敎大系-大乘起信論-』, 東京: 佛敎大系刊行會,
1918 참조)

136 鎌田茂雄,「新羅元曉の唯識思想」(伊藤眞城·田中順照,『佛敎學論文集』, 大阪:
東方出版, 1979), pp.355~364.

137 柏木弘雄, 앞의 논문, p.305에서 후세에『기신론』의 대명사와 같이 사용된 '여래장
연기'라는 말은『대승기신론의기』에 보이는 것이 최초라고 한다.

138 吉津宜英,「法藏大乘起信論義記の硏究」(『駒澤大學佛敎學部論集』 11, 1980),
p.148.

집취상 이하는 동일하게 추분위麤分位로 규정하고, 제7식에 대해서는 구체적인 언급을 하지 않았다.[139]

삼세육추의 주석에서는 원효가 지상을 제7 말나식이라고 주장하고 있음에 비해 법장은 삼세가 아뢰야식에 속하고 육추는 의식意識에 해당한다고 하여 말나식은 설명하고 있지 않다.[140] 그렇다면『기신론』에서는 왜 말나식이 거론되지 않았는가라는 의문[141]에 대해 두 가지의 이유를 들고 있다. 그 첫째는 이미 말나의 뜻이 아뢰야에 포함되어 있기 때문에 새삼 설명해야 할 필요가 없었다는 견해와, 둘째는 말나가 삼세육추의 그 어떠한 작용에도 해당하지 않기 때문에 설명을 하지 않았다는 주장이 그것이다.[142] 이러한 두 가지 이유로 제7 말나식을 배제하였던 것이다. 제7 말나식을 중심으로 한 팔식별체설이 호법으로부터 현장으로 이어지는 학통의 독자적인 교리라고 볼 때 이것을『기신론』의 주석에서 제외시킨 것은 법장의 입장으로서는 당연하였다고 말할 수 있을 것이다.[143]

이러한 법장의 진의는 법상가法相家의 오성분별五姓分別을 비판하는

---

139 『대승기신론의기』(『대정장』 44, p.115).

140 상동(『대정장』 44, p.158). 또한『기신론』에 말나식이 설해지지 않은 것에 대해서는 平川彰, 「阿梨耶識と阿賴耶識」(『불교학』 8, 1979), pp.7~13 참조.

141 『대정장』 44, p.263上 "문기를, 삼세는 뢰야에 속하고 육추는 의식에 속한다고 한다면 무엇 때문에 末那識을 설하지 않는가[問三細屬賴耶 六麤屬意識 何故不說 末那識耶]"

142 『대정장』 44, p.263上 "答有二義意 一前旣說賴耶 末那必執相應 故不別說 … 二以義不便故 略不說之"

143 吉津宜英, 앞의 논문, p.150.

데에서도 잘 나타나 있다.[144] 『유가론瑜伽論』과 같은 일분불성불一分不成佛은 권교權敎, 즉 방편적인 가르침이고 일체개성불一切皆成佛을 설하는 가르침이야말로 실교實敎, 즉 진실을 나타내는 가르침이라는 것이다. 즉 오성각별五姓各別을 설하는 법상종과 일체개성불을 주장하는 여래장연기종如來藏緣起宗은 이러한 견해의 차이로 양립할 수 없는 것임을 나타낸 것이라 하겠다.

그러면 과분科文에서는 어떠한가. 『기신론』의 「입의분立義分」 첫머리의 "마하연摩訶衍이란 총설하여 두 종류가 있으니 하나는 법法이요 둘은 의義이다"[145]라는 문장에 준하여 원효는 해석분의 현시정의顯示正義 부분도 크게 나누어서, 법을 해석하는 문과 의를 서술하는 문의 두 가지로 분과分科하였다. 그리고 법은 심생멸문과 심진여문으로 구별되고, 의는 체體·상相·용用의 삼대三大로 나타내었다.

그러나 법장은 동일하게 『입의분』의 "심생멸인연상 능시마하연자체상용고心生滅因緣相 能示摩訶衍自體相用故"의 문장에 기준하여 삼대를 나타내는 뜻의 항목을 심생멸문 안에 포섭하여야 한다는 입장이다.[146]

『기신론』이 법장의 다른 저작에서는 어떻게 취급되고 있는지 검토하여 보면, 『오교장』과 『탐현기』에서도 이러한 입장은 그대로 견지되고 있음을 알 수 있다.

---

144 『대승기신론의기』(『대정장』 44, p.11).

145 진제 역, 『기신론』(『대정장』 32, p.575下).

146 『대승기신론의기』(『대정장』 44, p.58) '釋生滅門內 具顯所宗三大之義'라는 기사가 있고 p.92, p.255에도 같은 내용이 보인다.

즉 『오교장』에서 시종이교의 차이는 시교始敎가 공空을 설명하고 있음에 비추어서 종교終敎가 불공不空인 진여를 근저로 한다고 하여 종교에 『기신론』이 인용되고 있다.[147] 그러나 『탐현기』에서의 시종이교의 구별은 『오교장』에서처럼 공과 불공이 아니라 일체개성불에 근거하는 데도 역시 『기신론』은 종교終敎에 배치되고 있다.[148]

또 한편 『유심법계기遊心法界記』에서는 오교판에 맞추어 관문을 설하고 있는데

제3 사리혼융문事理混融門이란 바로 대승종교인데 공유空有가 서로 장애하지 않는다. 『승만勝鬘』・『열반涅槃』・『밀엄密嚴』 등의 경經과 『기신起信』・『법계무차별法界無差別』 등의 논論에서 밝히는 것과 같다.[149]

라고 하여 제3 사리혼융문, 즉 종교에 『기신론』을 적용시키고 있다. 이와 같이 『기신론』은 일관되게 종교로서의 엄격한 한정이 가해지고 있음을 알 수 있다. 즉 법장은 유식학의 성격을 좀 더 명확히 하기 위해 『기신론의기』에서 처음 사종판을 세우고 공과 유를 융회하는 입장에서 제4에 새롭게 '여래장연기종如來藏緣起宗'을 제시하고 여기에 『기신론』을 배치시키고 있다. 다시 말하면 시교로서 규정된 유식학과

---

147 『오교장』 1(『대정장』 45, p.481下, pp.484下~485上).

148 『탐현기』 1(『대정장』 35, p.115下, p.347上).

149 『유심법계기』(『대정장』 45, p.642下) "第三事理混融門者 卽大乘終敎 空有雙陳無障礙也 如勝鬘諸法無行涅槃密嚴等經及起信法界無差別等論明也"

종교인 여래장불교와의 사이에 한 획을 그은 것이다.[150]

그렇지만 『기신론』 자체의 교학이 여래장연기종을 설명한다는 규정을 받고 있으므로 이런 점에서는 『기신론의기』도 역시 내용적 한계가 있다고 말할 수 있을 것이다.

이상으로 법장의 『기신론의기』 찬술에 관하여 살펴보았다.

법장교학의 확립을 오교십종판에 둔다면 적어도 오교판에서 『기신론』의 위치는 그다지 높게 평가되지 않았다. 그러나 『의기』에서 처음 보인 사종판에서는 최고의 위치에 올려놓고 있다. 말하자면 오교십종판의 문제점을 해결하고자 찬술된 것이 바로 『의기』였고, 그 결과로 이루어진 것이 사종판이었던 것이다.

따라서 법장은 원효와 같이 『기신론』의 일심을 화엄의 일심과 동일하게 볼 수도 없었던 것이다. 그렇기 때문에 인용한 경론을 검토해 보더라도 원효가 화엄이든 무엇이든 자유롭게 문장을 인용하였는 데 반하여, 법장은 『화엄경』의 인용은 되도록 삼가하는 경향이 있고, 그것은 바로 오교판에 의한 한계성을 의식한 때문일 것이며, 또한 그런 면에서 『의기』의 내용적인 한계가 있었다고 말할 수 있을 것이다.

그렇다면 이러한 법장의 태도 변화는 무엇을 뜻하는 것인가. 그것은 법장이 유식학을 의식하는 데 그치지 않고, 그것을 포용하면서도 그로부터 진일보하고자 하였음을 말해준다고 하겠다.

그러므로 후대에 종밀(宗密, 780~841)이 『기신론소』 4권을 찬술하

---

150 吉津宜英, 「法藏の大乘起信論義記の成立と展開」(『如來藏と大乘起信論』, 東京: 春秋社, 1990), p.391.

였지만 그것조차도 『의기』 연구의 연장선상에서 이루어진 것이며, 『의기』의 출현 이후부터는 『기신론』 연구라기보다도 『의기』의 연구시대라고 하게 되었던 것이다. 그것은 『의기』 자체의 내용이 그만큼 깊이 있게 다루어졌다는 것을 증명하는 것이기도 하다. 그런 의미에서 『의기』 찬술이 후대 여러 주석서에 미친 영향이 크다고 하겠다.

제3장 법장저술에 대한 진위와 찬술연대

1. 법장저술의 진위문제

어떤 한 인물의 사상을, 그것도 종교가로서 연구하고자 할 때, 그 사람을 모르면서 그의 사상이나 가르침을 이해하고자 한다면 그것은 무모한 일이다. 그가 어떻게 살았고, 그 시대와 그 사회에 어떠한 영향을 끼쳤는가 하는 점은 바로 연구대상의 인물을 이해하는 열쇠가 되기 때문이다. 그런 의미에서 주로 전기를 통하여 중요한 문제가 밝혀지는 경우가 적지 않다.

하지만 그 사람의 사상이 구체적으로 어떠한 성격을 띠고 있는가라는 문제에 대해, 그의 사상형성을 파악하기 위해서는 저술의 진위眞僞 여부와 저작의 성립시기를 분명히 하는 것이 조금 더 지름길일 것이다.

그런 의미에서 중국 화엄교학을 실질적으로 체계화한 현수법장의 교학을 뒷받침하는 저술의 진위여부를 여러 경록과 전기류, 그리고 법장 자신의 찬술을 중심으로 하여 살펴보겠다. 그 방법으로는 다음과 같이 몇 가지 관점을 통하여 검토해 보고자 한다.

첫 번째, 서명은 알 수 있지만 현존하지 않는 것도 포함하여 여러 경록에서 전하는 모든 찬술서를 살펴본다.

두 번째, 여러 전기류에 보이는 모든 찬술서를 아울러 검토해본다.

세 번째, 저작 성립상의 의문을 포함하여 그 진위문제를 고찰한다. 여기서는 내용적인 분류를 시도하여 먼저 교판적敎判的인 저술과 관법적觀法的인 저술을 검토하고, 그리고 경론의 주석서의 순으로 한다.

마지막으로, 법장의 현존하는 찬술서에 대한 연대를 추정해본다.

위와 같은 순서로 고찰하고자 하지만, 결국은 마지막 문제의 해명이 목표가 될 것이다. 따라서 우선 찬호撰號에 의한 연대의 추정과 역경삼장 간의 교류에 의한 관련에서 검토하고, 그리고 저작 상호 간의 인용에 의한 전후관계 및 교리내용으로부터의 규정이라는 관점에서 면밀히 고찰해 보고자 한다.

특히 여기서는 여러 경록과 전기류에서 전하는 저술에 한정시켜 살펴볼 것이며, 그 다음 진위에 대한 검토 부분은 교판적인 저술까지만 다루려고 한다.

1) 경록이 전하는 저술

법장의 저작에 대해 여러 경록經錄에서 무엇을 수록하고 있는지를 살펴보자.

우선 경록 가운데 법장의 저작을 가장 이른 시기에 수록하고 있는 『원초록圓超錄』(914)에는

『화엄경탐현기華嚴經探玄記』 20권

『화엄강목華嚴綱目』 1권

『화엄지귀華嚴指歸』 1권

『화엄문답華嚴問答』 2권

『화엄번범어華嚴飜梵語』 1권

『화엄범어급음의華嚴梵語及音義』 1권

『화엄삼매관華嚴三昧觀』 1권

『화엄교분기華嚴敎分記』 3권

『화엄현의장華嚴玄義章』 1권

『화엄팔회장華嚴八會章』 1권

『화엄유식장華嚴唯識章』 1권

『화엄법계의해華嚴法界義海』 1권

『화엄유심법계기華嚴遊心法界記』 1권

『화엄발보리심의華嚴發菩提心義』 1권

『화엄관맥의華嚴關脈義』 1권

『화엄삼보례華嚴三寶禮』 1권

『화엄찬례華嚴讚禮』 1권

『화엄전華嚴傳』 5권

『금사자장金師子章』 1권

『밀엄경소密嚴經疏』 4권

『반야심경소般若心經疏』 1권

『범망경소梵網經疏』 3권

『능가심현기楞伽心玄記』 1권

118

『대승기신론소大乘起信論疏』 2권

『기신별기起信別記』 1권

『법계무차별론소法界無差別論疏』 1권

『십이문론소十二門論疏』 1권

등 27가지의 저작이 수록되어 있다.¹

그 다음 『의천록義天錄』(1090)에는 각 경론을 분류하여

『대화엄경大華嚴經』

「탐현기探玄記」 20권, 「약소略疏」 20권, 「환원관還源觀」 1권, 「삼
매관三昧觀」 1권, 「보현관普賢觀」 1권, 「색공관色空觀」 1권, 「화엄
세계해관華嚴世界海觀」 13권, 「법계의해法界義海」 2권 또는 1권,
「교의분제敎義分齊」 3권, 「강목장綱目章」 1권, 「지귀指歸」 1권,
「책림策林」 1권, 「화엄잡장문華嚴雜章門」 1권, 「삼보별행기三寶別
行記」 1권, 「금사자장金師子章」 1권, 「불명佛名」 2권, 「범어梵語」
1권, 「음의音義」 1권, 「전기傳記」 1권, 「기해동화엄대덕서寄海東
華嚴大德書」 1권

『반야심경般若心經』 「소疏」 1권

『무상경無常經』 「소疏」 1권

『범망경梵網經』 「소疏」 3권

『대승기신론大乘起信論』 「소疏」 3권, 「별기別記」 1권

『법계무차별론소法界無差別論疏』 1권

『십이문론소十二門論疏』 1권

---

1 『원초록』(『대정장』 55, pp.1133上~1134中).

등 27부의 저술을 수록하고 있다.[2]

또한『의천록』과 거의 동시대에 저술된『영초록永超錄』(1094)에는

『화엄경탐현기華嚴經探玄記』 20권

『화엄경지귀華嚴經旨歸』 1권

『화엄강목華嚴綱目』 1권

『화엄현의장華嚴玄義章』 1권

『화엄교분기華嚴教分記』 3권

『화엄삼매관華嚴三昧觀』 1권

『화엄문답華嚴問答』 2권

『화엄삼교대변현담華嚴三教對辨懸談』 1권

『화엄유식장華嚴唯識章』 1권

『화엄법계의해華嚴法界義海』 1권

『화엄유심법계기華嚴遊心法界記』 1권

『화엄발보리심장華嚴發菩提心章』 1권

『화엄관맥의華嚴關脈義』 1권

『화엄삼보례華嚴三寶禮』 1권

『화엄찬례華嚴讚禮』 1권

『화엄금강사자장華嚴金剛師子章』 1권

『화엄번범어華嚴飜梵語』 1권

『화엄범어급음의華嚴梵語及音義』 2권

『화엄전기華嚴傳記』 5권

---

2 『의천록』(『대정장』 55, pp.1166上~1177上).

『전음의傳音義』

『화엄강목華嚴綱目』 1권

『화엄경중보살명華嚴經中菩薩名』 3권

『화엄일승법계도華嚴一乘法界圖』 1권

『화엄칠처구회송華嚴七處九會頌』 1권

『반야심경소般若心經疏』 4권

『밀엄경소密嚴經疏』 4권

『입능가경현의入楞伽經玄義』 1권

『범망경소梵網經疏』 3권

『법계무차별론소法界無差別論疏』 1권

『기신론소起信論疏』 2권

『화엄론별기華嚴論別記』 1권

『십이문론소十二門論疏』 1권

등 32종류의 저삭이 수록되어 있다.[3]

그리고 화엄종 관계의 문헌을 정리하여 기록한 『응연록凝然錄』[4](응연, 1240~1321)에는 법장의 저작이 27부, 『오교장통로기五教章通路記』에는 31부가 수록되어 있다.

그러나 중복을 피하기 위해 성립연대가 분명하고 더욱 상세한 『오교장통로기』(1311)에 수록된 것을 보면 다음과 같다.

『탐현기探玄記』 20권

『오교장五教章』 3권

---

3 『영초록』(『대정장』 55, pp.1146上~1159中).

4 『화엄종경론장소목록』(『일불전』 1, pp.249上下~251下).

『지귀旨歸』 1권

『강목綱目』 1권

『화엄문답花嚴問答』 2권

『화엄삼매장花嚴三昧章』 1권

『화엄잡장花嚴雜章』 1권

『의해백문義海百門』 1권

『유심법계기遊心法界記』 1권

『법계환원관法界還源觀』 1권

『화엄책림花嚴策林』 1권

『맥관關脈』 1권

『화엄삼보례花嚴三寶禮』 1권

『금사자장金師子章』 1권

『화장세계관花藏世界觀』 1권

『보현관행법문普賢觀行法門』 1권

『화엄전華嚴傳』 5권

『찬영기纂靈記』 5권

『범망계본소梵網戒本疏』 3권

『심경소心經疏』 1권

『밀엄소密嚴疏』 4권

『능가심현기楞伽心玄記』 1권

『기신론소起信論疏』 2권

『기신론별기起信論別記』 1권

『법계무차별론소法界無差別論疏』 1권

『십이문론소十二門論疏』 1권

『구경번범어舊經飜梵語』 1권

『신경범어新經梵語』 1권

『삼보대변현담三寶對辨懸談』 1권

『신경략소新經略疏』 12권

『화엄찬례花嚴讚禮』 1권

등 31부의 저술을 수록하고 있다. 그러나 저작명을 들기 전에 "화엄종 관계의 책 중에서 대략 30여 본을 골라 여러 경의 의소義疏 10여 본을 만들었다"[5]라고 하므로 일본에 전해진 것만을 들고 있음을 알 수 있다.[6]

2) 전기류에 보이는 저술

법장의 저작에 대해 서술하고 있는 전기傳記자료를 연대순으로 살펴보기로 힌다.

우선 법장 자신의 저작을 최초로 거론하고 있는『화엄경전기華嚴經傳記』(690)에서는 다음과 같이 9부를 수록하고 있다.[7]

『화엄지귀華嚴旨歸』 1권 10문門

『화엄삼매관華嚴三昧觀』 1권 10문

『화엄강목華嚴綱目』 1권

『화엄현의장華嚴玄義章』 1권

5 『오교장통로기』(『대정장』 72, pp.296下~297上).

6 상동.

7 『화엄경전기』 5(『대정장』 51, p.172中下).

『화엄교분기華嚴教分記』 3권

『화엄번범어華嚴飜梵語』 1권

『화엄범어급음의華嚴梵語及音義』 1권

『화엄삼보례華嚴三寶禮』 10수首

『화엄찬례華嚴讚禮』 10권 10수

다음으로 가장 확실한 기록인 법장 자신의 서간인『현수국사기해동
서賢首國師寄海東書』(699년경, 이하『기해동서』로 약칭)에는 어떤 서명
을 들고 있는가를 살펴보면

『화엄탐현기華嚴探玄記』 20권

『일승교분기一乘教分記』 3권

『현의장등잡의玄義章等雜義』 1권

『별번장화엄중범어別飜章華嚴中梵語』 1권

『기신소起信疏』 2권

『십이문론소十二門論疏』 1권

『신번법계무차별론소新飜法界無差別論疏』1권

등 7권의 저술을 승전법사勝詮法師에게 맡겼다고 한다.[8]

그리고 법장이 입적한 이듬해(712) 염조은閻朝隱에 의해 찬술된 비문
인『대당대천복사고대덕강장법사지비大唐大薦福寺故大德康藏法師之
碑』에는 "『능가경楞伽經』·『밀엄경密嚴經』·『기신론起信論』·『보살계경
菩薩戒經』 등 10부의 의소義疏를 저술하였다"라고만 기록되어 있다.[9]

또한 그 자료적 가치를 인정받고 있는 최치원의『법장화상전法藏和

8 『현수국사기해동서』(『한불전』 4, p.636上).

9 『강장법사지비』(『대정장』 50, p.280中).

124

尚傳』(904)에는

　『교분기敎分記』 3권

　『지귀指歸』 1권

　『강목綱目』 1권

　『현의장玄義章』 1권

　『책림策林』 1권

　『화엄삼매관華嚴三昧觀』 1통通

　『화장세계관華藏世界觀』 1통

　『망진환원관妄盡還源觀』 1통

　『진경중범어晋經中梵語』 1편編

　『신경범어화언공성음의新經梵語華言共成音義』 1권

　『화엄경내불명華嚴經內佛名』 1권

　『보살명菩薩名』 1권

　『화엄전華嚴傳』 5권 또는 『찬영기纂靈記』

　『능가경소楞伽經疏』

　『밀엄경소密嚴經疏』

　『범망경소梵網經疏』 3권

　『기신론소起信論疏』 2권

　『기신론별기起信論別記』 1권

　『십이문론소十二門論疏』

　『법계무차별론소法界無差別論疏』

　『금사자장金師子章』 1편

　『삼보별행기三寶別行記』 1권

『화엄경략소華嚴經略疏』

『화엄경료간華嚴經料簡』 12권

등 24부를 수록하고 있다.[10]

그 다음 찬영贊寧의 『송고승전宋高僧傳』(988)에는 『금사자장金師子章』과 『반야심경소般若心經疏』 두 권만 수록되어 있다.[11]

다음으로 지반志磐의 『불조통기佛祖統記』(1269)에는 『송고승전』과 같이 "『능가경楞伽經』·『밀엄경密嚴經』·『범망경梵網經』·『기신론起信論』 등의 10부에 각기 의소를 지었다"는 기사[12]가 보인다.

마지막으로 청대淸代 속법續法의 『법계종오조략기法界宗五祖略記』(1680)에는 "저술한 소가 백여 권이나 된다"고 하면서도 다음과 같이 28부를 수록하고 있다.[13]

『화엄경탐현기華嚴經探玄記』 40권

『일승교의분제장一乘敎義分齊章』 4권

『지귀指歸』 1권

『강목綱目』 1권

『현의장玄義章』 1권

『책림策林』 1권

『화엄삼매관華嚴三昧觀』 1권

10 『당대천복사고사왕번경대덕법장화상전』(『대정장』 50, pp.282下~283中). 그러나 石井敎道, 『華嚴敎學成立史』(東京 : 中央公論事業出版, 1964), p.321에는 20부로 되어 있다.

11 『송고승전』 5(『대정장』 50, p.732上中).

12 『불조통기』(『대정장』 49, p.293上).

13 『법계종오조략기』(『속장경』 134, p.275左上).

『화엄세계관華嚴世界觀』 1권

『망진환원관妄盡還源觀』 1권

『번역진경범어飜譯晋經梵語』 1권

『당역신경음의唐譯新經音義』 1권

『화엄불보살명華嚴佛菩薩名』 5권

『화엄감응전華嚴感應傳』 5권

『능가경소楞伽經疏』 7권

『밀엄경소密嚴經疏』 3권

『범망경소梵網經疏』 3권

『법화경소法華經疏』 7권

『기신론소起信論疏』 3권

『별기別記』 1권

『십이문론종치의기十二門論宗致義記』 2권

『법계무차별론의소法界無差別論義疏』 1권

『삼보별행기三寶別行記』 1권

『유전장流轉章』 11권

『법계연기장法界緣起章』 1권

『원음장圓音章』 1권

『법신장法身章』 1권

『십세장十世章』 1권

『신경략소新經略疏』 12권

3) 교판적 저술의 진위 검토

앞에서 소개한 여러 자료에서 보이는 법장의 저작이 모두 현존하는
것은 아니다. 종래 이러한 자료에 대한 여러 측면에서의 논문[14]이
발표되었고, 본고도 선학들의 도움을 받았음을 밝혀 둔다.

법장교학을 이해하기 위해서는 적어도 현존하는 자료만은 살펴보아
야 할 것이다. 현존하는 25부의 저작, 즉 『대정신수대장경』(이하 『대정
장』)의 21부와 『속장경』의 3부, 그리고 이외에 다른 1부를 수록된
순서에 의해 그 저작의 진위를 살펴보기로 한다.

(1) 『오교장』 4권

본서가 법장의 입교개종立教開宗의 대표적 저작이라는 점에서 알 수
있듯이[15] 법장 자신의 저작인 것은 분명하지만, 『오교장五敎章』은 몇
가지 문제점을 안고 있다. 첫째는 『오교장』의 제목이 세 본, 즉 연본鍊本

---

14 졸역, 高峯了州 著, 『화엄사상사』(보림사, 1988), pp.211~216에서 중요한 저서의
　　저작연대를 추정하고 있다.; 坂本幸男, 『華嚴敎學の硏究』(京都: 平樂寺書店,
　　1981), p.9에서 靜法寺 혜원의 전기와 관련하여 법장의 저작을 그가 주지로 있었던
　　사찰명으로 분류하고 있다.; 石井敎道, 『華嚴敎學成立史』(京都: 平樂寺書店,
　　1979), pp.320~333에는 저작의 일람표와 같이 현존하는 책 22부 가운데 살펴야
　　할 10여 부에 대해서만 검토하고 있다.; 小林實玄, 「華嚴法藏の事傳について」(『南
　　都佛敎』 36, 1976)은 법장의 전기와 저작을 종합적으로 연구하고 있다.; 鎌田茂雄,
　　『(佛典講座 28) 華嚴五敎章』(東京: 大藏出版社, 1979), p.23에 『오교장』의 찬술연
　　대와 관련하여 다른 저작의 연대도 추정하고 있다.; 吉津宜英, 「法藏の著作の撰述
　　年代について」(『駒大佛敎論集』 10, 1979)에는 현존하는 저작 중에서 특히 11書의
　　찬술연대를 고찰하고 있다.; 渡邊信勝, 「法藏について2」(『佛敎學論集』 9, 1972)은
　　법장의 事跡연구와 함께 저작의 찬술연대에 대해 검토하고 있다.

15 湯次了榮, 『華嚴五敎章序說』(京都: 百華苑, 1975), p.1.

·송본宋本·화본和本에 따라 각각 다른 점, 둘째는 세 종류의『오교장』이 십문배열十門配列에 대한 순서의 각기 상이점相異點, 셋째는『오교장』의 찬술연대에 관한 문제 등이 그것이다.

그러나 본서는 화엄종의 교판인 오교판五教判을 토대로 화엄학의 체계를 이룬 것이고, 법장의 많은 저작 중에서 하나의 우수한 불교개론서의 위치를 차지하고 있다.[16]

또한 본서만큼 제호가 많은 것도 없을 것이다.

먼저『오교장』에 대한 각각의 제목을 살펴보면 다음과 같다.

① 화엄일승교분기華嚴一乘教分記

② 화엄경중일승입교분제의기華嚴經中一乘立教分齊義記

③ 화엄경중일승오교분제의華嚴經中一乘五教分齊義

④ 화엄일승교의분제장華嚴一乘教義分齊章

⑤ 화엄일승분교기華嚴一乘分教記

⑥ 교분기教分記

⑦ 일승교분기一乘教分記

⑧ 화엄교분기華嚴教分記

⑨ 교의분제장教義分齊章

이상의 제목들은 ①은 연본鍊本의 상·하권과 화본(和本, 일본본)의 상·중권,[17] ②는 연본의 중권,[18] ③은 화본의 하권,[19] ④는 송본의

---

16 鎌田茂雄,『(佛典講座 28) 華嚴五教章』(東京: 大藏出版社, 1979), p.19.

17 鍊本은『한불전』4, p.240上, p.403上; 和本은 鎌田茂雄, 앞의 책, p.51, p.199.

18『한불전』4, p.297中.

19 鎌田茂雄, 앞의 책, p.318.(본서는 和本을 底本으로 하여 宋本과의 차이를 나타내고

상·중·하권,[20] ⑤는 송대宋代 정원(淨源, 1011~1088)의 『교의분제장
중교서教義分齊章重校序』,[21] ⑥은 최지원崔致遠의 『법장화상전法藏和尙
傳』,[22] ⑦은 법장의 『기해동서寄海東書』,[23] ⑧은 『화엄경전기華嚴經傳
記』,[24] ⑨는 의천義天의 『원종문류圓宗文類』[25]에서 사용된 제목이다.

이 외에도 견등見登의 『화엄일승성불묘의華嚴一乘成佛妙義』[26]와 『기
신론동이략집起信論同異略集』[27]에서는 오교五教·교분기教分記라 하
고, 징관澄觀의 『연의초演義鈔』[28]에서는 의분제義分齊·교의분제教義分
齊·오교의분제五教義分齊라고 하며, 또 종밀宗密의 『원각경대소초圓覺
經大疏鈔』[29]와 『약소초略疏鈔』[30]에서는 화엄교의분제華嚴教義分齊·오
교의분제五教義分齊·교의분제教義分齊라고도 한다. 또한 일반적인 호
칭[31]인 「오교장」은 『원초록圓超錄』에 처음 보이지만 정원의 『중교서重

있다.)

20 『대정장』 45, p.477上, p.484下, p.499上.

21 『한불전』 4, p.639中.

22 『대정장』 50, p.282下.

23 『한불전』 4, p.635下.

24 『대정장』 51, p.172中.

25 『한불전』 4, p.597下.

26 『한불전』 3, p.742上.

27 『한불전』 3, p.710中.

28 『대정장』 36, p.52下, p.174中, p.447下.

29 『속장경』 14, p.239中, p.243中.

30 『속장경』 15, p.115下.

31 『오교장』이라는 호칭이 본서의 내용으로 보면 타당하지만, 누가 언제부터 이와
   같이 불렀는가라는 의문을 갖고 있던 필자는 木村淸孝, 『(大乘佛典 7) 華嚴五教章』
   (1989) 해설 중에서 "『화엄오교장』은 崔致遠 撰 『賢首大師傳』에 있는 것처럼

校序』와 응연의 『오교장통로기五敎章通路記』에도 보인다.

그런데 ④와 같이 송본의 제목이 통일되어 있는 것은 송의 정원淨源이 종밀(宗密, 780~841)의 『원각경대소초』를 전거로 하여 '화엄일승교의분제장華嚴一乘敎義分齊章'이 올바른 것이라고 주장함으로써[32] 송대의 제목으로 확정되었기 때문이다. 그 후로 중국의 여러 주석가들은 모두 이 제목을 사용하고 있다.

한편 ①, ②, ③의 연본과 화본은 제목이 비교적 비슷하다. 그러나 연본인 균여(均如, 923~973)의 『석화엄교분기원통초釋華嚴敎分記圓通鈔』의 제호석題號釋을 보면 징관(澄觀, 738~839)의 『연의초演義鈔』에 의거하여 '일승교의분제의기一乘敎義分齊義記'라고 해야 한다고 주장하고 있다.[33]

따라서 이것을 두 가지 계열로 본다는 지적[34]이 있는데, 하나는

편리한 통칭이었다"(p.423)라는 문장을 발견하고 『대정장』 50, pp.280下~289下를 살펴보았지만 『오교장』이라는 호칭은 보이지 않고 『敎分記』로만 되어 있었다. 다음으로 小林實玄, 「法藏の一乘敎義の論成について」, 『龍谷大學論集』(400·401, 1973)에 이 명칭이 주로 일본학자에 의한 『원초록』(『대정장』 55, p.1133下), 『통로기』(『대정장』 72, p.296下), 『응연록』(『일불전』 1, p.249上) 등에서 사용되고 있음을 알 수 있었다. 그러나 응연(1240~1321)보다 이전인 중국의 淨源(1011~1088)이 『敎義分齊章重校序』에서 '或標云華嚴五敎章'(『한불전』 4, p.639下)이라는 기사를 발견하였다. 또한 주 27)의 저자인 見登(신라의 학자로 8세기 말까지 활약한 것으로 추정된다)이 저서에서 교리로서의 '五敎'가 아니라 분명히 책명으로서의 '五敎'로 기록하고 있음도 간과해서는 안 될 것이다.

32 『교의분제장중교서』(『한불전』 4, p.639下). 또한 그는 『華嚴五敎章』이라든가 『華嚴一乘分敎記』라고 부르는 것은 법장의 뜻이 아니라고도 하므로 그가 敎보다도 義理에 중점을 두었다는 것을 알 수 있다.

33 『한불전』 4, p.242中.

교분기敎分記 계열이고, 또 하나는 의분제義分齊 계열이라는 것이다.
전자가 소승교·대승시교·대승종교·돈교·원교의 오교 중심이라면,
후자는 일승교의 의리義理에 중점을 둔 것이라 하겠다.

한편 일반적으로 사용되고 있는 '화엄오교장華嚴五敎章'이란 명칭은
화본의 외제外題이지만 균여가 『원통초圓通鈔』에서 사용하고 있는
것으로 보아 그 이전에 벌써 사용된 것 같다. 그 예로 견등[35]이 이미
오교라고 표현하고 있는 것에서도 짐작할 수가 있다.

다음은 세 종류의 『오교장』이 십문배열十門配列에서는 각각 어떠한
차이를 갖고 있는가를 살펴보면 다음의 표와 같다.

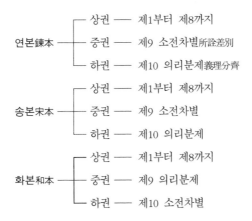

연본鍊本 ┬ 상권 ── 제1부터 제8까지
　　　　├ 중권 ── 제9 소전차별所詮差別
　　　　└ 하권 ── 제10 의리분제義理分齊

송본宋本 ┬ 상권 ── 제1부터 제8까지
　　　　├ 중권 ── 제9 소전차별
　　　　└ 하권 ── 제10 의리분제

화본和本 ┬ 상권 ── 제1부터 제8까지
　　　　├ 중권 ── 제9 의리분제
　　　　└ 하권 ── 제10 소전차별

---

34 吉津宜英, 「華嚴五敎章の硏究」, (『駒澤大學佛敎學部硏究紀要』 36, 1978), pp.180~181.
35 見登의 전기는 분명하지 않지만 화엄종 조사로 알려져 있고(『대정장』 72, p.200中),
　 太賢 이후의 사람으로 특히 元曉의 영향을 입은 신라학자인 것은 주183)의 저자인
　 吉津宜英도 지적하는 바이지만, 李萬, 「見登의 大乘起信論同異略集에 인용된 太賢
　 의 唯識思想」,(『韓國佛敎學』 12, 1987, p.39)에서도 見登의 생애에 대한 고찰이
　 있다.

이와 같이 연본과 송본은 제9가 소전차별所詮差別, 제10이 의리분제 義理分齊인 것에 비해 화본은 제9문과 제10문의 순서가 바뀌어 있다. 그러나 이 두 문의 바뀜은 내용상의 변화가 아닌 순서상의 문제라고 하지만 양적으로도 방대하여 중하권을 점유하고 있으므로 이 순서의 뒤바뀜을 그냥 간과할 수는 없다. 따라서 이것은 자연히 초본草本이 어느 것인가 하는 문제로 이어지고 아울러 찬술연대까지 그 영향을 미치게 된다.

연본은 균여가 『원통초圓通鈔』에서 밝혔듯이 『오교장』의 별종의 전승본이라는 것으로, 특히 송·화본에는 없는 모두冒頭의 서문과 말미 의 유통게流通偈[36]가 있다. 또한 균여는 십문배열에 대해서 『기해동서寄 海東書』를 근거로 하여, 법장이 보내온 『오교장』을 의상(義湘, 625~ 702)이 그의 제자인 진정眞定·지통智通과 함께 검토하여 원본이 제9 소전所詮·제10 의리義理인 것을 제9 의리義理·제10 소전所詮으로 고쳤 다고 한다.[37]

송본은 현재 『고려대장경』을 비롯하여 『대정신수대장경』 등 여러 종류의 대장경에서 사용되고 있다. 그러나 정원淨源은 열문列門의 상이 에 대해서, 모두가 제9 의리·제10 소전으로 하고 있는데 요즘의 불롱학

---

36 『석화엄교분기원통초』1(『한불전』 4, p.245上中) "謂此文有草本鍊本不同 義理爲 九者 是草本 反此者 鍊本故爾也 門何知義理爲十者 是鍊本耶 答義理章末 有流通偈 故知爾也"

37 상동(『한불전』 4, p.245上) "問有本義理分齊九 所詮差別十者 何耶 答此後人所治也 後人意者 以此義理 雙踏能所詮故 置於第九 貫前後也 問後人誰耶 答相和尙也 謂章主寄相德書云 請上人詳撿藏否 幸垂筬誨故相德 令眞定智通 勘其藏否而治定 也"

자佛隴學者들이 경산徑山의 사본을 본받아 함부로 순서를 바꾸었다[38]고 비판하고 있다. 결국 정원淨源의 주장은 전술한 것처럼 제목은 송본을 주장하면서도 십문배열의 순서에 있어서는 화본을 따른 것이다.

화본은 천평연간(天平年間, 729~749)에 일본으로 전래된 것으로 초본이라고도 불린다. 따라서 균여가 주장하는 초고본草稿本, 즉 법장이 의상의 의견을 받아들여서 자신의 초고본을 개정한 형식인 연본의 전신으로서의 초본과는 다르므로 화본의 별명으로서 불리는 초본과는 구별되어야 할 것이다.

그러나 원래 법장이 『오교장』을 지은 의도가 지엄(智儼, 602~668)의 동별일승同別一乘과 오교를 교판으로 확립시킴과 동시에 성상융회性相融會에 그 입장을 두었으므로, 먼저 오교의 차이를 밝힌 후 별교일승의 의리義理를 증명하는 방법이나 일승의 의리를 밝힌 후 오교의 상이를 구별하는 방법이나 그 두 가지 모두가 법장의 뜻이 반영되어 있다고 생각된다.

『오교장』의 찬술연대에 관해서 다음과 같이 세 가지 설이 있다.

① 30여 세 전후 설

② 42세 설

③ 42세 이후 설

우선 첫 번째 설에 대해 응연의 『오교장통로기五敎章通路記』에는

현수대사가 오교장을 저작할 때의 연령은 30여 세 때이며, 유지流志

---

[38] 『교의분제장중교서』(『한불전』 4, p.639下) "皆以義理分齊系乎第九 所詮差別當於第十 近有佛隴學者 傳乎徑山寫本 妄以第十門爲中卷 反以第九門爲下卷"

가 아직 오지 않았으므로 『보적경』은 번역되지 않았다. 그러므로

경은 이름뿐이고 『오교장』에서 인용한 것은 바로 이 본본本本을 말하는

것이다.[39]

라고 하였는데, 여기서의 유지流志는 보리유지菩提流支로서 측천무후

집권기인 장수長壽 2년(693)에 중국에 와서 신룡 2년(706)부터 『대보

적경』의 역경을 시작하였는데 이때가 이미 법장의 나이 64세였다.

그런데 『밀적금강역사경密迹金剛力士經』은 서진의 축법호竺法護가

역경한 것인데 그것을 『대보적경』에서는 권8~14에 감수 편재하고

있다. 법장은 이것을 『오교장』에 인용할 때 『대보적경』을 인용하지

않고 『밀적금강역사경』을 인용하고 있는데 이것은 법장이 『오교장』을

30세 전후에 저작하였기 때문이라는 설명이다. 이 설에 의하면 『오교

장』은 당나라 고종 의봉연간(儀鳳年間, 676~678)에 찬술된 셈이다.

두 번째의 설은 봉담(鳳潭, 1659~1738)이 『화엄오교장광진초華嚴五

教章匡眞鈔』 1에서

광택光宅·문명文明연간에 이르러 현수국사가 운화雲華의 도를 행하

고 화엄일승을 세워 교의분제教義分齊를 서술하였다.[40]

---

39 『오교장통로기』 17(『대정장』 72, p.426上) "賢首大師造五教章 年齡三十有餘之時
疏志未來 未譯寶積 故唯名經 章中所引 正是此本"

40 『대정장』 73, p.304下 "至光宅文明之間 賢首國師 爲行雲華之道 立華嚴一乘 迹教義
公齊"

라는 기사에서 알 수 있다. 다만 그 근거는 분명하지 않지만 광택光宅·
문명연간(684)이라면 법장의 나이 42세경이 된다.

세 번째의 설은 관응觀應의 『관주오교장冠註五敎章』 상上 1에 의한
것으로

지금 장소章疏 등에서는 자세히 설명하고 있지 않으나 장에서 다만
광석廣釋을 『탐현기』와 『기신론소』 등으로 미루는 것을 보아 제작은
두 소를 지은 이후라고 해야 할 것이다.[41]

즉 『오교장』에서 "『기신의기』에 기록한 것과 같다"[42]라고 하므로
『기신론의기』보다 이후의 저작이고, 더욱이 "유식장唯識章의 설과 같
다"[43]라고는 하지만 그 유식장이 『탐현기』 13의 "유식장을 지칭한다"라
고 하기 때문에[44] 『탐현기』보다는 이후의 저작임을 알 수 있다. 따라서
『오교장』의 찬술은 법장의 나이 42세 이후의 저작이라는 것이다.

이상의 3가지 설 가운데, 첫 번째의 설을 주장하는 『오교장통로
기』에 대해 4가지의 예시를 들어 위의 사실을 입증하고 있는 것이
영수英樹의 『오교장청문류기五敎章聽聞留記』이다.[45]

첫째, 이 중에는 심밀深密의 제3시第三時를 종교終敎라 하고, 『탐현

---

41 『관주오교장』 上1 「第三造章時代」 2右.

42 『오교장』 2(『대정장』 45, p.485上).

43 상동(『대정장』 45, p.485中).

44 『오교장지사』 下(『대정장』 72, p.257上) "言其余義門 如唯識章記者 法藏師經疏云
依十地品三界 虛妄唯一心文 釋十種唯識義 今指彼處 是故云 如唯識章 恐繁不集"

45 鎌田茂雄, 앞의 책, p.22 참조.

기』등에서는 이를 시교始敎라 한다.

둘째, 이 중에는 시교는 공으로서 시라 하고, 『탐현기』등에서는 심밀의 제2시·제3시를 시라 한다.

셋째, 이 중에는 지광智光·계현戒賢의 논쟁에 대한 기록은 없지만, 『탐현기』등에는 이것을 수록하고 있다. 『오교장』이 만들어질 때, 일조삼장이 전하는 바를 아직 듣지 못했기 때문인데, 일조가 당나라에 온 것은 대사가 대략 38세 때이다.

넷째, 이 중의 십현문은 완전히 지상至相의 십현문의 해석에 의한다. 『탐현기』는 이것을 고쳐서 그 순서를 정하였다고 한다면 문제는 다르다.

이들 중에서 세 번째 일조삼장(日照三藏, 612~687)과의 만남(680)은 이미 언급한 대로 영륭 원년(680)에 중국으로 온 일조삼장에게서 법장이 계현·지광의 삼시교三時敎에 관한 논쟁을 청취한 때가 38세였다. 그래서 이후의 저작인 『탐현기』·『기신론의기』·『법계무차별론소』·『십이문론종치의기』등에는 서술되어 있다. 따라서 이 논쟁에 대해 언급하고 있지 않는 『오교장』은 38세 이전의 찬술이 되는 것이다.

이밖에 찬호의 사명寺名 문제인데, 일본 전래의 화본和本에는 '위국서사魏國西寺'로 되어 있고, 조송趙宋의 주석가들이 인용한 송본宋本에는 '대천복사大薦福寺'로 되어 있고, 고려 균여均如가 주석한 연본鍊本에는 '서숭복사西崇福寺'로 되어 있다. 여기서 38세 이전이라고 볼 때, 이 사찰명과 연대상으로는 일치하지 않는다. 따라서 봉담이 『화엄오교장광진초華嚴五敎章匡眞鈔』[46]에서 송본에 대숭복사 또는 대천복사라고 하는 것은 후세 사람들의 첨삭이라고 하는 것이다.

(2) 『탐현기』 20권

이미 스승인 지엄이 『육십화엄』을 5문으로 나누어 주석한 『수현기』 5권이 있으나 그는 10문으로 수문해석隨文解釋하였다. 그리고 의상에게 보냈던 『기해동서』에 기록이 남아 있기 때문에 의심할 여지가 없는 것이다. 다만 '양권미성兩卷未成'이라고 칭하고 있기 때문에 그때가 집필중인 듯하지만 『탐현기探玄記』의

현재 신도神都에 있는데 마침 우전국에서 보내온 화엄 5만송본五万頌本과 삼장三藏이 신도에 와서 지금 번역하고 있다.[47]

라는 기사에서 보면 『팔십화엄』의 역경(699) 이전에 저술되었다는 것은 분명하다. 그러나 『탐현기』 찬기撰記에는 사찰명칭이 '위국서사魏國西寺'로 되어 있다. 즉 서태원사西太原寺가 수공垂拱 3년(687)에 위국서사로 개명하였고, 천수天授 2년(691)에는 다시 서숭복사西崇福寺로 바뀌었다.[48] 따라서 위국서사라는 명칭은 687~690년에 이르는 3년간의 명칭이었고, 여러 면에서 추측해볼 때 이 기간에 『탐현기』의 저술은 있을 수 없고 오히려 그 기간에 집필을 시작한 듯하다.

---

46 『대정장』 73, 304上 "又宋本具云京大崇福寺沙門述 義苑復古等作大薦福寺者 皆後人之改添耳 撰者集錄也"

47 『탐현기』 1(『대정장』 35, p.123上) "今現於神都 更得于闐國所進華嚴五萬頌本幷三藏 至神都現翻譯"

48 『長安志』 10 崇福寺條. 또한 법장의 저작 중에서 撰號의 사찰명이 魏國西寺로 되어 있는 것은 『탐현기』이며, 이외에도 『범망경소』, 『무차별론소』, 『기신의기』, 『오교장』(和本), 『삼보장』, 『발보리심장』, 『화엄삼매장』 등이 있다.

그렇다면『탐현기』1에 보이는 문명 원년(文明元年, 684)에 일조삼장
을 만나 인도의 교판을 묻고 일조삼장으로부터 계현戒賢과 지광智光
사이의 유공有空에 관한 논쟁을 청취하였다는 기사[49]는 어떻게 설명될
수 있는가. 이 기사는 찬술연대가 다른『십이문론종치의기』[50]와『기신
론의기』[51]에도 보이는 것으로 반드시『탐현기』를 집필하는 중에 청취
하였을 리는 없다고 보여진다. 따라서 앞서 인용한 기사로 미루어
볼 때 완성은 695년 이후 700년에 이르는 기간일 것이다.

(3)『기신론의기』5권

본서도 찬호가 위국서사로 되어 있지만 이는 믿기 어려운 부분이
있다. 전술한『탐현기』와『십이문론종치의기』에 보이는 일조삼장의
기사(684)가 본서에도 수록되어 있으나 10가十家의 교판에 대해『화엄
소』[52]라 하여『탐현기』에 미루고 있으므로 찬호의 연대만으로는 합당
하지 않기 때문이다. 그렇다면『탐현기』보다는 이후가 되지만 본서에
처음으로 4종판四宗判이 수록되어 있는 관계로[53] 동일한 사종판을

---

49 『탐현기』1(『대정장』35, p.111下) "法藏於文明元年中 幸遇中天竺三藏法師地婆訶
羅 唐言日照 於京西太原寺 翻譯經論 … 近代天竺那爛陀寺同時有二大德論師 一名
戒賢二稱智光"

50 『십이문론종치의기』(『대정장』42, p.213上).

51 『기신론의기』(『대정장』44, p.242上).

52 상동(『대정장』44, p.242上中) "略述十家 如華嚴疏中 … 地婆訶羅 唐言日照 在寺翻
譯 余親問說云 近代天竺那爛陀寺 同時有二大德論師 一日戒賢 一日智光"

53 상동(『대정장』44, p.243中). ①隨相法執宗, 즉 小乘의 諸部. ②眞空無相宗, 즉
般若 등의 經, 中觀 등의 논에서 설한 것. ③唯識法相宗, 즉 解深密 등의 경,
瑜伽 등의 논에서 설한 것. ④如來藏緣起宗, 즉『楞伽』・『密嚴』등의 경,『起信』・『寶

서술하고 있는 『법계무차별론소法界無差別論疏』[54](696 이후)보다는 이른 시기가 된다. 하지만 언급하고 있는 세 권의 책은 거의 동일한 시기에 만들어진 것으로, 그중에서도 『탐현기』의 완성은 책의 분량이 많기 때문에 다소 지체되었을지도 모른다. 그러나 사종판의 명칭을 간결히 하여 계승한 『입능가심현의入楞伽心玄義』[55](703 이후)보다는 이른 시기에 성립하였던 것은 분명하다. 따라서 본서는 696년까지, 즉 법장의 나이 54세까지의 저작이다.

또한 권수에 대한 것이지만 본서를 최초로 거론한 『기해동서』를 비롯하여 『법장화상전』·『원초록』 등 대부분은 2권이라 하나 유독 『의천록』만 3권으로 기록되어 있다. 현재 『대정장』에는 5권으로 수록되어 있지만 "상·중본·중말·하본·하말"로 되어 있어 상·중·하로 보면 『의천록』의 권수에 해당한다. 그러나 두 권의 근거는 분명하지 않고, 당시 두 권인 판본이 있었을지도 모르지만 『기해동서』를 모방했을 가능성도 있으므로 보다 명확한 논증을 가하지 않으면 안 된다.

(4) 「무차별론소」 1권

본서도 『기해동서』의 목록에 수록되어 있으므로 찬술한 것이 분명하

性』등의 논에서 설한 것.

54 『법계무차별론소』(『대정장』 44, p.61下)에도 동일한 것이 보인다.

55 『입능가심현의』(『대정장』 39, p.426下)에서 이 四宗判의 발전순서에 대해 사종판을 설하는 이유가 『기신론의기』에는 2가지, 『법계무차별론』에는 4가지, 『입능가심현의』에는 6가지라는 방식으로 증가하고 있기 때문에 저작 순서도 마찬가지라고 지적하였다.(吉津宜英, 「法藏傳の研究」, 『駒大佛教學部研究紀要』 37, 1979, p.176).

140

다. 그러나 찬호撰號인 위국서사가 문제이다. 즉 제운반야提雲般若가
『법계무차별론』을 천수 2년(691)에 역경[56]하였으므로 그 소가 그 이후
에 성립하였다는 것은 당연하기에 서숭복사(690~740) 시기에 찬술된
것이다. 제운반야의 역경에 대해 『개원록開元錄』[57]에는 법장이 영창
원년(689) 낙양에 와서 위국동사魏國東寺, 대주동사大周東寺에 기거하
며 천수 2년 무렵까지 6부의 경론을 역경하였다고 한다.

그러나 『무차별론소無差別論疏』에는 제운반야가 수공연간(685~
688)에 낙양에 와서 위국동사에 기거하며 역경활동을 하였고, 법장도
직접 참여하였다고 한다.[58]

더욱이 『무차별론소』에는 "계현과 지광이 각각 3교三教 등을 세웠는
데 이는 화엄소에서 설한 바와 같다"[59]라고 하여 『탐현기』를 인용하고
있다. 이상의 여러 사실들을 고려해볼 때, 『무차별론』의 역경(691)
이후 『탐현기』(695)보다는 앞서 성립한 것으로 이 시기는 『탐현기』와
『기해동서』의 성립 중간에 해당한다. 따라서 찬호인 위국서사는 연대
적으로는 전혀 맞지 않으므로 찬호에 의해서만 판단하는 것은 무리라

---

56 『개원록』 9(『대정장』 55, p.565中). 「大乘法界無差別論」 1 注記에 "天授二年十月十
四日於大周東寺譯見大周錄"이라고 한다.

57 상동(『대정장』 55, p.565中) "沙門提雲般若 … 以天后永昌元年來屆于此 卽以其年
謁帝于洛 勅於魏國東寺(後改爲大周東寺)翻經 以永昌元年己丑 至天授二年辛卯
總出經論六部"

58 『무차별론소』(『대정장』 44, p.63下) "有于闐國三藏法師提雲般若 … 於垂拱年內屆
至神都 有勅慰喩 入內供養 安置魏國西寺 令共大德十人飜譯經論 仍令先譯華嚴
余以不敏 猥蒙微召"

59 『대정장』 44, p.61下.

고 여겨진다.

(5)『입능가심현의』 1권

본서는 십문十門으로 나누어 설명하는 가운데 제8 부류전역部類傳譯에
서는

> 장안 2년에 온 서역삼장 미타산彌陀山은 일찍이 인도에서 25년을
> 지낸 사람이다. 삼장은『능가경』에 정통하였는데 칙령에 의해 사문
> 인 복례復禮·법장 등과 함께 번역한 후, 재차 감수 번역을 하였다.
> 복례가 문장을 다듬고 경서經序를 지었다.[60]

라고 한다. 따라서『입능가경入楞伽經』7권본을 역경할 때, 법장도
역경사업에 참여하였기 때문에 역경을 끝내자마자 지었을 것이다.
더욱이 찬술한 책에서의 사찰명이 서명사西明寺로 되어 있지만 이
사찰은 장안 3년(703) 무렵 의정이 역경사업을 수행하였던 곳으로
법장이 감수자로서 참가하고 있기 때문에[61] 앞의 기사와 함께 고려해볼
때 그 무렵의 저술로 보인다.

이상, 본 절에서는 경록과 전기류에서 전하는 법장의 저술을 먼저

---

60 『입능가심현의』(『대정장』39, p.430中) "至長安二年有吐火羅三藏彌陀山 其初曾歷
天竺廿五年 備窮三藏尤善楞伽 奉勅令共翻經沙門復禮法藏等 再更勘譯 復禮緝文
御製經序"

61 『개원록』9(『대정장』55, p.568中下) "長安三年癸卯於東都福先寺及西京西明寺
譯金光明最勝王 … 沙門法寶法藏 德感成莊神英仁亮大儀慈訓等証義"

142

살펴보고, 이어서 그의 현존하는 저술 가운데 특히 교판론과 관련이 있는 저술에 대한 진위를 고찰하였다.

그의 저술은 교판적인 것과 관법적인 것, 그리고 경론의 주석서적인 것으로 나눌 수 있는데, 주석서적인 것 중에는『화엄경』에 관한 저술이 가장 많고, 나머지는 그 밖의 경론에 대한 주석서들이다.

뿐만 아니라, 법장은 관법觀法에 관한 많은 저술을 남기고 또한 실천의 필요성을 강조하였다. 그럼에도 불구하고 그의 근본적 입장이 철학적이고 관념론적인 인상을 주고 있는 것은 바로 교의가 그대로 관법인 입장에 기인하기 때문이다.

2. 법장저술의 찬술연대 재검토

한 교학자의 사상이 어떻게 형성되었고, 구체적으로 어떠한 성격을 띠고 있는가 하는 점을 파악하기 위해서는 저술의 진위眞僞여부와 저작성립의 시기를 분명히 하는 것이 무엇보다 선행되어야 할 것이다.

그런 의미에서 중국 화엄교학을 실질적으로 체계화한 현수법장의 현존하는 저술의 진위에 대한 고찰을 앞서 살펴보았다. 거기서는 경록經錄과 전기류傳記類, 그리고 교판적敎判的인 저술을 위주로 살펴 보았던 것이고, 여기서는 관법적觀法的인 저술과 경론에 대한 주석서 적인 저술을 위주로 검토하여 그 찬술연대를 추정해 보고자 한다.

왜냐하면 법장교학을 이해하기 위해서는 적어도 현존하는 저술만은 살펴보아야 하기 때문이다. 그래서 현존하는 25부의 저작, 즉『대정 장』의 21부와『속장경』의 3부 이 외에 수록된 다른 1부에 대해 그

저술의 진위를 고찰한 후, 찬술연대순으로 나열해 보려고 한다.

법장은 관법에 관한 많은 저술을 남기고 또한 실천의 필요성을 강조하였다. 그럼에도 불구하고 그의 근본적 입장이 철학적이고 관념론적인 인상을 주고 있는 것은 무엇 때문인가를 고찰하는 과정에서 자연스럽게 그의 관법적 저술의 진위가 가려질 것으로 기대된다.

이어서 경론의 주석서적인 저술에 대한 진위여부를 살펴본다.

마지막으로 찬호撰號에 의한 연대추정과 역경삼장들 간의 교류와 관련하여 검토하고, 저술서들의 상호인용에 의한 전후관계 및 교리내용으로부터의 규정이라는 관점에서 면밀히 고찰하여 찬술연대를 재검토해 보겠다.

1) 찬술의 진위에 대한 검토

(1) 관법적 찬술의 진위

① 『발보리심장發菩提心章』 1권

후술할 『화엄삼매장華嚴三昧章』과의 관계뿐만 아니라 『법계관문法界觀門』에 해당하는 부분이 그대로 본서 중에 수록되어 있기 때문에 성립상에 의문이 생기는 저술의 하나이다.

본서를 거론한 최초의 경록은 『원초록圓超錄』이지만 『화엄발보리심의華嚴發菩提心義』 1권이라고 쓰여 있고,[62] 다음으로 『영초록』에 『화엄발보리심장』 1권으로 수록되어 있으며,[63] 『의천록』과 『법장화상전』에

---

62 『원초록』(『대정장』 55, p.1133下). 石井教道, 『華嚴教學成立史』(東京: 平樂寺書店, 1964), p.328에는 『원초록』이 전하는 『發菩提心義』와 『發菩提心章』은 서로 다른 것이라고 하여, 종래 혼용되고 있음을 주의시키고 있다.

는 보이지 않는다. 따라서 신라와 고려를 거치지 않고 일본에 직접
전해졌을 가능성을 짐작할 뿐, 속법續法의 『오조략기五祖略記』에도
기록되어 있지 않다.

　그러나 혜원慧苑의 『간정기刊定記』에서

　만약 널리 인연을 드러낸다면 『보리심장』과 같다.[64]

라고 한 것은 무엇을 지칭하는 것인가. 이미 지적되었듯이,[65] 혜원
자신의 저작에 『보리심장』이라는 것은 보이지 않기 때문에 그 이전의
책이라는 것은 분명하다. 다만 『간정기』를 주석한 제자 법선法詵의
『찬석纂釋』이 현존하지 않기 때문에 분명하지 않지만, 혜원이 법장의
직제자라는 입장을 생각할 때 본서를 지칭하는 것으로 여겨진다.

　여기서 문제는 법장이 『법계관문』에 해당하는 일부를 수록한 것을
어떻게 이해해야 하는가라는 점이다. 법장이 『화엄경전기』에서 '신승
두순선사神僧杜順禪師'[66]를 흠모하고 있다는 것에서 『법계관문』을 두순
의 저작으로 알면서도 아무런 양해도 없이 인용할 리는 없다. 그렇더라
도 내용적으로 하나의 흐름을 가지고 있는 『발보리심장』에 법장 이외
의 인물이 손을 보았다고 말하기도 어렵다. 따라서 법장의 생존까지는
저자명이 기록되어 있지 않는 『법계관문』이 유포되고 있어 법장은

---

63 『영초록』(『대정장』 55, p.1146上).

64 『간정기』 4(『속장경』 3, p.652中) "若廣顯因緣 如菩提心章"

65 木村淸孝, 『初期中國華嚴思想の硏究』(東京: 春秋社, 1977), p.359.

66 「화엄경전기」 4(『대정장』 51, p.166下).

공관空觀을 통하여 화엄의 궁극적인 진리를 찾고자 하던 때[67]였기 때문에『법계관문』에 공감하고 전후를 보강하는 형태로 정리한 책 한 권이 있었던 것은 아니었을까. 이 추측은 유우키 레이몬(結城令聞)[68]에 완전히 동의하는 것이지만,『십이문론종치의기十二門論宗致義記』라는 공사상 관계의 집필과는 결부시키지 않고 있다.

이상을 요약하면, 법장의 입적 후에『법계관문』에 '두순杜順 찬撰'이라는 말이 붙여졌다고 할 수 있다. 따라서『발보리심장』은 법장의 찬술이었다는 것이 분명해진다.

②『유심법계기遊心法界記』1권

본서의 내용에『대보적경』이 인용되고 있어 보리유지의 역경이 시작된 신룡 2년(706) 이후의 저작으로 보인다. 즉『대보적경』의 역경은 8년에 걸쳐 완성되는데,[69] 이는 법장이 64세로 입적에 이르는 시기까지이다.

그런데 본서를 세 가지의 이유, 즉 첫째, 새로운 역경 용어를 사용하고 있다는 것, 둘째, '불수기사佛授記寺의 문루門樓를 현재 보는 것과 같다'는 문장에서 사찰명의 연대와 두순의 생존이 많은 차이가 보인다는 것, 셋째, 오교의 조직 등 전체적인 앞뒤가 정리되어 있다는 것을

---

67 졸고, 「法藏における空觀の特質－十二門論宗致義記を中心として」(『印度學佛敎學硏究』38-1, 1989), p.212.

68 結城令聞, 「隋唐の中國的新佛敎組織の一例としての華嚴法界觀門について」(『印度學佛敎學硏究』6-11, 1958), p.267.

69 『개원록』9(『대정장』55, 569中).『대보적경』의 註記에 "神龍二年創首光天二年功畢"이라는 기사가 있다.

거론하여 유우키 레이몬(結城令聞)은 본서의 초고본草稿本이 『오교지
관五教止觀』이라고 주장하였다.[70] 여기서 제명題名 중의 심심心을 법계에
노닐도록 한다는 것은 사물을 있는 그대로 관찰하고 보는 것을 의미한
다는 해석에 두순의 관문觀門과 일맥상통함을 볼 수 있다.

③『망진환원관妄盡還源觀』 1권

예전부터 위작설과 종교終教의 분제分齊를 나타내는 등의 비판[71]이
있었고 여러 문제를 내포하고 있다. 그러나 본서가 자성청정심에서
일체를 본다는 『기신론』적 사고에 토대를 두고 있는 점은 오히려
『기신론』을 중시하는 만년의 저작인 것처럼 생각되는 면도 있다.

바꾸어 말하면, 사사무애에 관련된 약점을 극복하고자 스스로 수도
취입修道趣入의 입장을 자각함과 동시에 이타대비의 행원을 위해 『망
진환원관』을 저술하지 않을 수 없었던 것은 아닌가 하고 추정할 수
있기 때문이다.

그리고 찬호撰號의 사찰명이 대천복사로 되어 있지만 이 사찰과
법장은 신룡 2년(706)부터 연관이 있기 때문에[72] 64세 이후의 저작이
된다.

또한 『법장화상전』과 『의천록』은 본서를 법장이 찬술하였다고 하지
만 『원초록』에는 보이지 않으며, 『영초록』은 서명만 거론하고 법장의
찬술이라고는 기록하지 않았고, 『불조통기』에는 두순이 찬술하였다

---

70 結城令聞,「華嚴五教の止觀撰述者論攷」(『宗教研究』 7-2, 1930), pp.73~93.
71 『오교장광진초』 3(『대정장』 73, p.365中).
72 『개원록』 9(『대정장』 55, p.568下).

고 한다.

④『의해법문義海法門』 1권

본서에는 찬호의 사찰명이 대천복사大薦福寺로 되어 있지만, 이 사찰은
신룡 2년(706)부터 번경원飜經院을 설치하여 의정義淨은 그곳에서
역경사업을 수행하였다. 여기에 법장도 감수자로서 참가하였음이
『개원록』에 수록[73]되어 있기 때문에 706년 이후의 저작임을 알 수
있다. 따라서 699년경 저작되었다고 추정되는『기해동서』에 수록되어
있지 않는 점도 이해할 수 있다.

⑤『보현관행법문普賢觀行法門』 1권

본서는 성립상의 의문점을 갖고 있는 것 중의 하나이다. 법장 자신의
찬술인『화엄경전기』나『기해동서』에 보이지 않기 때문이다. 물론
본서의 성립을 위의 두 권보다 이후의 것이라고 추정하면 해결될
수 있으나, 문제는 본서를 전하는 경록이『의천록』뿐인 점이다. 그러나
경록은 아니지만 응연의『오교장통로기』에서 본서를 법장의 저작이라
고 하고, 더욱이『법계의경』에는 본서의 내용을 해설하고 있기 때문
에[74] 본서가 법장의 저작이라는 것은 비교적 나중에 이루어진 듯하다.

---

73 상동(『대정장』 55, pp.568中~569上). 또한 대천복사를 사찰명으로 하는 저작은
『義海百門』외에도『오교장』(宋本)·『망진환원관』·『금사자장』(淨源 주석본) 등이
있다.

74 『통로기』 1(『대정장』 72, p.296下),『법계의경』(『일장경』, 華嚴部藏疏下, p.593下)
에는 "賢首大師作普賢觀行一卷 總爲二門 一普賢觀 卽十重止觀 二普賢行 卽十重
事行 今是其一 所言十重止觀相者 一會相歸性止觀 二依理起行止觀 三理事無碍止

148

즉 일부분은 후대의 사람들에 의해 첨삭되었음이 분명하지만, 대부분은 법장 자신의 찬술인『화엄경전기』[75]에서『화엄삼매관』의 내용이라 하여 보현원행을 닦아 완성하게 하는 것이라고 한다. 따라서『화엄삼매관』은 현존하는『화엄삼매장』과 동일한 것이고, 마침내『발보리심장』이라고 주장된 것이다.[76]

또한 속장본의 본서 서문[77]을 보면 원록元祿 원년에 화엄성도리華嚴性闍梨라는 사람이 헌 상자 속에서 이것을 얻어 상원동산사문승두타上院東山沙門昇頭陀가 이것에 화훈和訓을 첨부하여 공간公刊하였다고도 한다.

앞의 경록의 것과 찬호인 사찰명이 분명하지 않은 것을 생각해볼 때, 법장의 찬술이라는 근거는 미약하지만 적어도『화엄삼매장』과『발보리심장』의 십종지관十種止觀에 토대를 두고 있다는 것은 분명하다. 따라서『화엄삼매장』과『발보리심장』을 법장이 찬술하였다고 본다면 본서도 법장이 찬술하였음이 분명해진다.

觀 四理事俱泯止觀 五心鏡融通止觀 六事融相在止觀 七諸佛相是止觀 八卽入無碍止觀 九帝網重現止觀 十主伴圓備止觀也 此觀亦名色空觀也"로 되어 있지만, 이것은 현존하는『보현관행법문』(『속장경』103, p.73左上)과 거의 동일한 것이고, 다만 제7문이 '諸法相是門'인 것이 다를 뿐이다.

75 『화엄경전기』1(『대정장』51, p.172中).

76 常盤大定,「支那華嚴宗傳統論」(『東方學報』3, 1976), pp.69~88.

77 『속장경』103, p.73左上 "此書乃法藏大師所製爲顯普賢觀行之宗趣也 其文簡而義無盡 … 一日華嚴性闍梨觀誦之暇 偶得之古篋以示余 … 元祿元年歲在戊辰春三月上浣東山沙門昇頭陀"

⑥『화엄삼매장華嚴三昧章』1권

위에서 언급했듯이 본서가『화엄삼매관』이나『발보리심장』과 견해에
따라서는 동일하다고 주장할 수 있을 정도로 밀접한 관계가 있기
때문에 성립상의 의문점이 제기되고 있다. 즉『화엄삼매관』은 현존하
지 않지만 법장 자신이 언급하고 있고, 본서와『발보리심장』은 현존함
과 동시에『법계관문』의 상당 부분을 그 일부로 하는 구성이다.

　우선 법장이『화엄경전기』에서 언급한 것을 살펴보면

　『화엄삼매관』1권에서 십문十門은 위 십문을 각각 십의十義로써
　설명하였다. 중요한 것을 말하면 열심히 보현원행을 수성修成하여
　금강종金剛種을 결結하고 보리인菩提因을 지어서 미래세에 화엄회상
　에 이르도록 하게 한 것이다. 천태의 법화삼매관을 이용하였고
　모든 수행자가 마음의 거울로 삼기를 바랄 뿐이다. 사문 법장이
　말한 바이다.[78]

　즉 십문十門·십의十義에 의한 것이고 의도는 보현의 원행願行을
완성하고자 한 것으로, 더욱이 천태의 법화삼매관의 구성에 많은
도움을 받았음을 나타냄과 동시에 자신감으로 충만한 저작임을 엿보
이게 한다.

　다음은『탐현기』에서 십중유식十重唯識을 세운 후에

---

[78]『화엄경전기』5(『대정장』51, p.172中) "華嚴三昧觀一卷十門 右於上十門 亦各以十
　義 辨其所要 務令修成普賢願行 結金剛種 作菩提因 當來得預華嚴海會 用於天台法
　華三昧觀 諸修行者 足爲心鏡耳 沙門法藏所述"

이는 교를 간략히 해석하여 말하면 만약 관행에 대해서는 또한
십중이 있으니, 1권의『화엄삼매』에서의 설과 같다.[79]

라고 설명하고 있다. 즉 관행에 대해서도 십중의 유식이 있고 그것은
1권의『화엄삼매』속에 설명되어 있다는 것이다. 이『화엄삼매』가
『화엄경전기』가 기록하는『화엄삼매관』을 지칭하는 것이라 함은 지적
되고 있듯이[80] 제명題名·권수卷數·십중十重 및 관문서觀門書라는 점에
서 틀림이 없다.

　그렇다면 다른 자료에서는 어떻게 언급하고 있을까. 최치원의『법장
화상전法藏和尙傳』[81]에서는 십의를 거론하고 있다. 또한

　　행원의 극치는 지관止觀이 이루어지는 것이다. 즉 천태·법화에 견주
　　어 화엄삼매관·화장세계관華藏世界觀·망진환원관 등을 지었다.[82]

고 한다. 앞서 법장이 언급한 것과 동일한『화엄삼매관』이 관문서이고
천태법화의 관을 참조하여 저술하였음을 알 수 있다.

　그러나 최치원이 말하는『화엄삼매관』이란 법장이 앞서 언급한

79 『탐현기』13(『대정장』35, p.347下) "又是約敎就解而說 若就觀行亦有十重 如一卷
　　華嚴三昧中說"
80 木村淸孝, 앞의 책, p.356.
81 『法藏和尙傳』(『대정장』50, p.281上) "仍就歲所著華嚴三昧觀直心中十義而配譬
　　焉"
82 상동(『대정장』50, p.282下) "復以行願所極止觀方 成乃擬天台法華 著華嚴三昧觀
　　華藏世界觀 妄盡還源觀各一通"

두 권에 거론되고 있는 동일한 명칭의 책을 가리킴은 분명하지만, 다만 직심直心 중의 십의十義, 즉 광대심廣大心·심심심甚深心·방편심方便心·견고심堅固心·무간심無間心·절복심折伏心·선교심善巧心·불이심不二心·무애심無礙心·원명심圓明心이 실린『화엄삼매장』,『발보리심장』의 서두에 보이는 직심 중의 십심十心과 일치한다.

그러나 앞의 직심을 십심으로 한 것과 제4 표덕表德을 5문으로 나누는 중에 '제5 이사원융의理事圓融義'을 십문십의로 설명한 점을 미루어 볼 때 이 세 권이 관계가 없지는 않을 것이다. 이를 증명해주는 것으로는 『법계도기총수록法界圖記叢髓錄』에서 '현수대사화엄삼매관문중문운賢首大師華嚴三昧觀門中間云'이라는 문장이 있는데, 이 문장은『화엄삼매장』,『발보리심장』의 '제2 간교簡教'[83]의 내용과 거의 동일하다. 그런데『화엄삼매장』에 대하여 서술한 최초의 자료인 응연의『통로기』[84]에서는『발보리심장』이 다른 명칭으로 불리고 있다.

따라서 여러 사정을 고려해볼 때,『발보리심장』이『화엄삼매장』보다는 이른 시기에 성립되었다고 할 것이다.

⑦『금사자장金師子章』1권

현재『대정장』에 세 가지의 판본이 수록되어 있다. 즉 정원淨源이

---

83 『법계도기총수록』(『대정장』45, p.667中)에는 "衆生修行爲 要受持聖教耶 爲須捨教耶 答有十類"라고 하지만『발보리심장』(『대정장』45, pp.651中~652上)의 "問衆生修行爲 要籍受持聖教方成行耶 爲要須捨教法行方成立耶 答通辨此義略有十類衆生"이라는 기사와 거의 동일하다.

84 『통로기』(『대정장』72, p.297上).

찬술한『금사자장운간류해金師子章雲間類解』를 인용한 본서는 '경대천
복사京大薦福寺 사문법장沙門法藏 술述'[85]이라 하고, 승천주承遷註의『대
방광불화엄경금사자장大方廣佛華嚴經金師子章』에는 '당숭복사唐崇福
寺 현수법사법장賢首法師法藏 술述'[86]로 기록되어 있다.

그리고 후자의 앞에 수록되어 있는『금사자장서金師子章序』에는
전혀 기록되어 있지 않지만, "이 금사자장은 측천무후의 청에 의한
것으로 법장대사가 설한 바이다"[87]라는 기사가 있다.

(2) 경론에 대한 주석서적인 찬술의 진위

①『심경략소心經略疏』1권

법장의 많은 저작 중에서 찬술연대를 분명히 알 수 있는 유일한 것이다.
이 책은 "법장이 장안 2년(702) 청선사淸禪寺에서 역경을 하는 중에
만들었다"[88]는 발문에서 법장이 60세(702)때에 저술하였음을 알 수
있다. 다만 '번경지가飜經之暇'라고 한 것은 같은 청선사에서 실차난타
의『문수수기경文殊授記經』등 총19부를 역경하였다는 사실에서 살펴
보면[89] 법장이 실차난타를 따라 장안 2년 청선사에 기거하는 동안에
『반야심경소』를 저술하였을 것이다. 따라서 그 이전에 저술된 법장의
『화엄경전기華嚴經傳記』와『기해동서寄海東書』에는 보이지 않지만 다

85『대정장』45, p.663.
86『대정장』45, p.668.
87『대정장』45, p.687.
88『반야심경략소』(『대정장』33, p.555上).
89『개원록』9(『대정장』55, p.566上)에 "及於西京淸禪寺東都授記寺譯文殊授記等經
前後總譯一十九部"라는 점에서 실차난타의 번역장에 참여하였음을 알 수 있다.

른 여러 경록에는 대부분 수록되어 있다.

② 『기해동서寄海東書』 1권

이것은 법장이 의상에게 보낸 서간으로, 이것에 의해 두 사람 간의 유대관계뿐만 아니라 법장이 저술한 7부의 서명書名을 알 수 있다.

그런데 서간문의 서두가 '당唐 서경숭복사승西京崇福寺僧 법장法藏' 으로 되어 있으므로 숭복사 시기에 저술했음을 알 수 있다. 위국서사가 재초 원년(690)에 숭복사로 되었고 법장의 입적까지는 개칭되지 않았기 때문에[90] 그 기간에 썼다고 할 수 있다. 그러나 만약 그렇다면 연대상으로 큰 폭의 차이가 생기게 될 것이다. 따라서 "『탐현기』 20권 가운데 두 권은 아직 만들어지지 않았다"[91]는 점에 주목하고, 또한 『탐현기』에는 『팔십화엄』에 대하여 '현번역現飜譯'[92]이라 쓰여 있는 점을 아울러 고려해야 할 것이다. 즉 실차난타의 『팔십화엄』은 증성 원년(695)에서 성력 2년(699)까지의 기간이므로 일단 『탐현기』 1을 695년 이후의 성립이라 보고, 마지막 두 권이 미완성인 관계로 『기해동 서』는 699년 이전의 저작으로 생각된다.

하지만 본문의 "한 번 헤어지고 나서부터 20여 년"이라는 기사에서 의상義相이 귀국한 당唐 함형咸亨 2년(671)부터 21년째에 해당하는

---

90 『長安志』 10, 崇福寺條에는 咸亨元年(670) 大原寺가 창건된 후, 垂拱 3년(687)에 위국서사로 개명되었고 載初元年(690)에는 숭복사로 개명되었다고 한다. 또한 開元 18년(730) 『개원록』을 찬술한 智昇도 이 숭복사 출신이라는 점에서 법장이 입적한 때까지는 개명되지 않았던 듯하다.

91 『기해동서』(『한불전』 4, p.636上).

92 『탐현기』 1(『대정장』 35, p.123上).

천수天授 3년(692)이라는 설[93]도 있는데, 그렇다면『팔십화엄』과는
무관하게 된다.

또한 법장이 55세 무렵(697)이라는 설도 있지만[94] 그 연대에도『팔십
화엄』역경은 완료되지 않았다. 더구나 700년 무렵[95]이라고 한다면
두 사람이 헤어지고 나서 30여 년이 지난 것이므로 표현상의 오류가
있는 것으로 여겨지는 것이다.

③『문의강목文義綱目』1권

법장의 저술인『화엄경전기』에 거론하고 있기 때문에 우선 그 진위는
분명하나, 다만 문장 속에는 영륭 원년(永隆元年, 680) 일조삼장에
관한 기록[96]은 있는데 실차난타에 대한 기사는 보이지 않는다. 그리고
"아울러 신집新集『화엄전華嚴傳』중의 변辨과 같다"[97]고 하여『화엄경
전기』를 인용하고 있기 때문에『팔십화엄』역경 이전의『화엄경전
기』와 거의 같은 시기의 찬술로 추정된다.

④『범망경소梵網經疏』6권

본서의 찬호撰號는 '위국서사魏國西寺'로 되어 있다. 즉『탐현기』와

---

93 神田喜一郎,「唐賢首國師眞蹟'寄新羅義湘法師書'考」(『南都佛教』26, 1971), p.5.
94 高峰了州 著, 졸역,『화엄사상사』(보림사, 1988), p.166.
95 吉津宜英,「法藏の著作の撰述年代について」(『駒澤大學佛教學論集』10, 1979),
p.172.
96 『화엄경문의강목』(『대정장』35, p.493中) "今大唐永隆元年三月內 有中天竺三藏法
師地婆訶羅唐言日照"
97 『대정장』42, p.493中.

사찰의 명칭이 동일하기 때문에 이 사찰이 위국서사로 불려진 3년간의 찬술로 보이지만, 앞에서 살펴본 것처럼 이 찬호에는 많은 저술이 있는 관계로 절대적으로 신용할 수는 없다.

그러나 본서에서 설하듯이 일체의 경에서 대승보살의 계율에 관한 요약문을 수집하여 『보살비니장菩薩毘尼藏』 20권을 편집하였다고 한다.[98] 동시에 이미 『보살계본菩薩戒本』이라는 것이 있고 과거의 주석본도 있지만 충실한 내용이 아닌 관계로 개정하여 새롭게 주석함을 밝히고 있다.

여기서 『보살비니장』 20권에 대하여 응연凝然의 『범망계본소일주소梵網戒本疏日珠疏』 9에서는 법장이 "대략 육문六門을 만들었는데 석명釋名, 분경중分輕重, 명구궐방편明具闕方便, 지범추세持犯麤細, 제부종류諸部種類, 대소변이對小辨異, 및 별설別說과 같다"[99]고 하였으며, 이 문장 끝에 "아울러 별도의 설과 같다"고 한 것은 자신의 『보살비니장』에 그 자세한 내용을 미루고 있음을 지적한 것이다.[100] 그렇다면 『보살비니장』 20권을 편집한 후 『범망경소』를 저술한 셈이다. 그렇게 생각하면 최초로 위국서사에 머무른 시기, 즉 45~48세에 이르는 동안의 저술이라 할 수 있다.

⑤『십이문론종치의기十二門論宗致義記』 2권

본서는 『기해동서』에 명시하고 있기 때문에 찬술한 것이 분명하고

---

98 『범망경소』(『대정장』 40, p.605中).

99 상동(『대정장』 40, p.608中).

100 『범망계본소일주소』 9(『대정장』 62, p.56上).

더욱이 문명 원년(文明元年, 684)에 일조삼장으로부터 전해들은 것을 서술하고 있기 때문에 그 이후의 저작이 된다.

또한 본서 중에 '근문태원삼장운近問太原三藏云'[101]이라는 말에서 문명 원년에 가까운 연대, 그리고 찬호인 서태원사 시기도 포함시키면 일조삼장을 만난 42~44세(수공 2년 686)에 이르는 동안의 저술이다.

⑥『기신론별기起信論別記』 1권

봉담鳳潭이 『대승기신론환호록大乘起信論幻虎錄』[102]에서 위작이라고 주장한 바가 있다. 즉『기신론의기起信論義記』에는 "상위相違와 화회和會가 별기別記 중의 설과 같다"[103]고 되어 있지만 현재의 『별기』에는 소위 화회의 문장이 없기 때문에 『별기』는 법장이 저술한 것은 아니라고 한다. 그러나 『법장화상전』을 비롯한 여러 경록이 본서를 수록하고 있다는 것을 간과해서는 안 될 것이다.

또한 찬호의 사찰명은 숭복사이기 때문에 691년 이후, 즉 법장의 나이 49세 이후의 저작이다.

추측하건대『기신론의기』의 문장 중에 35개의 문제를 거론하여 자세한 해석을 가한 것이기 때문에 『기신론의기』의 찬술연대보다 나중에 성립한 것이 된다. 하지만 『기해동서』에는 『기신론의기』를

---

101 高峰了州, 앞의 책, p.165; 『십이문론종치의기』(『대정장』 42, p.219中).

102 『기신론환호록』(『일장경』 論藏部 3) "如別記者 尋梭其文 未見所出 有謂 賢首此論 更撰別記一卷 本邦流行 然檢彼文未有和會 又非大師之撰 故不須然". 또한 『佛敎大系』「大乘起信論解題」(東京: 佛敎大系刊行會, 1918) p.48 이하에 상세하게 설명되어 있다.

103 『기신론의기』 下(『대정장』 44, p.268中).

기록하고 있으나 본서는 기록하지 않는 점에서 700년 이후로 생각된다.

⑦ 『화엄경지귀華嚴經旨歸』 1권

예전부터 『화엄경지귀華嚴經旨歸』라고 불리는 책에는 본서 이외에
세 종류가 있다.

　a. 『화엄지귀華嚴旨歸』 영우靈祐 술술述

　b. 『화엄경지귀華嚴經旨歸』 동진東晋 남림법업南林法業 술술述

　c. 『화엄경양권지귀華嚴經兩卷旨歸』 삼장불타三藏佛陀 찬찬撰 또는 법
　　업취법명이불명法業就法明二佛名, 하권下卷에 수록된 찬호撰號

　먼저 a, b는 『원초록』[104]에 수록되어 있지만 현재 전해지지 않는다.
c는 금택문고金澤文庫에서 소장하고 있는 것으로 담예湛睿의 수택본手
澤本으로 불리고 있다. 『화엄경양권지귀』에 대해서는, 찬자를 어느
인물로 간주할 것인가, 또는 b와의 관계 등에 대한 연구는 앞에서
소개한 대로이다.[105]

　그런데 법장의 『화엄지귀』는 『화엄경전기』에 수록되어 있으므로

---

104 『원초록』(『대정장』 55, p.1133中).

105 法業은 晋 義熙 14년(418)에 揚州의 道場寺에서 佛馱跋陀羅와 같이 진역 『화엄경』
　　의 번역에 참가한 사람으로, 『문의강목』(『대정장』 35, p.493中)에 "법업은 이것을
　　계기로 義記를 만들고 『화엄지귀』 2권이라 명명하였다"는 기사가 있고, 징관도
　　『화엄경수소연의초』에서 법업의 전기를 서술한 부분(『대정장』 36, p.113中)에
　　"『지귀』 양권을 저술하다"라고 밝히고 있다. 따라서 『지귀』라고 하여도 4종의
　　『지귀』 중에 어떤 것을 지칭하는 것인가? 현존하지 않는 ①, ②를 고려하여
　　인용문을 검토할 필요가 있다.

법장의 찬술이 분명하다. 그리고 본서에는 제운반야가 재초載初 원년(690) 내지는 영창永昌 원년(689)에 역경[106]한 『화엄경부사의경계분華嚴經不思議境界分』을 인용[107]하고 있기 때문에 둘 중의 어느 쪽이 되든 간에 이후가 아니면 같은 해가 될 것이다. 더욱이 재초 원년에 숭복사로 개칭되었다고 하는 그 사찰명이 찬호가 되기 때문에 모순되지 않는다.

그러나 『탐현기』에서 종취에 대해 해석한 다음에 "나머지 의미는 『지귀』 등의 설과 같다"[108]고 하여 『지귀』 등과도 관계되는 설이 보인다고 기록하고 있지만, 법장의 『지귀』 중에는 『탐현기』에 보이는 것과 같은 소위 종취론이라 할 만한 부분은 보이지 않는다.[109]

따라서 찬술연대로는 『탐현기』(695 이후)가 『지귀』(690)를 인용할 수 있지만, 반드시 법장 자신의 『지귀』가 아니라 앞의 b, c를 지칭할 가능성도 있을 수 있다. 하지만 『탐현기』는 연기무애緣起無碍의 성립 이유인 초문初門만을 해설하고 구문九門의 설명을 『지귀』로 미루고 있는데, 이것은 『지귀』 「제8석경의釋經義」에 보이므로[110] 일률적으로는 말할 수 없다.

---

106 『화엄경전기』 1(『대정장』 51, p.156上)에는 載初元年으로 되어 있지만 『개원록』 9(『대정장』 55, p.565中)에는 永昌元年으로 되어 있다.

107 『화엄경지귀』 1(『대정장』 45, p.591上) "華嚴佛境界分云 盧舍那佛於一塵中"

108 『탐현기』 1(『대정장』 35, p.120下).

109 一色順心, 「法藏撰華嚴經旨歸の研究」(『印度學佛教學研究』29-2, 1981), p.222.

110 상동(『대정장』 35, pp.124上~125上) "略提十類 釋此無碍 一緣起相由故 二法性融通故 三各唯心現故 四如幻不實故 五大小無定故 六無限因生故 七果德圓極故 八勝通自在故 九三昧大用故 十難思解脫故 初緣起相由故者 … 上來十義總是緣起相由門竟 余門如指歸中說", 『화엄경지귀』(『대정장』 45, pp.594下~595中).

⑧『화엄책림華嚴策林』1권

본서는 문체로 보아 청량淸凉의 저작이 아닌가라는 설[111]과 오래된
목록에는 보이지 않고『오조략기』,『법장화상전』,『응연록』등 후대의
자료에 소개되어 있는 점에서 이전부터 진위가 문제시되어 왔다.
그러나 필자로서는 징관의 저작이라는 설에 대해 판단할 근거는 없지
만, 후자의 설은 긍정하기 어렵다. 왜냐하면 본서가 일본의『원초록』과
『영초록』에는 수록되어 있지 않지만 고려의『의천록』에는 수록되어
있기 때문이다. 특히 신라 최치원의『법장화상전』은 후대의 것이
아니라 이들 중에서 가장 이른 시기에 이루어진 것이다. 다만 제명題名
다음에 '우당현수국사술右唐賢首國師述'이라는 말만 있고 사찰명이 없
는 점[112] 등에서 진위의 여부를 재고할 필요는 있다고 할 것이다.

⑨『화엄경문답華嚴經問答』2권

응연의『통로기』[113]에서『화엄경문답』의 기사를 인용한 후에 그 문장이
비속하고 구두점도 맞지 않아 법장의 다른 저작과는 다르다는 입장에
서 진위여부에 대한 시비를 일으켰다. 즉 법장의 문장은 간단명료하고
수려함에 비해『화엄경문답』의 문체는 매우 조잡하기 때문에 법장의
문장이라고는 말하기 어려우며, 더욱이 현수의 제자인 혜화惠花·혜영
惠英·문초文超·굉관宏觀·지광智光·종일宗一 등 6인이 아니라 후대의

---

111 河野法雲·龜谷聖馨 共著,『華嚴發達史』(東京: 東洋出版社, 1913), p.194.
112 『華嚴策林』외에도 찬호인 사찰명이 없는 저작은『문의강목』,『화엄경문답』,
　　『관맥의기』,『밀엄경소』,『보현관행법문』등이 있다.
113 『통로기』6(『대정장』72, pp.333下~334上).

160

인물에 의한 위작이 아닌가 하는 지적을 받고 있다.

그러나 방영芳英의 『탐현기남기록探玄記南紀錄』[114]에는, 『화엄경문답』을 위작이라고 하는 설이 있지만 그것은 잘못된 것으로, 본서는 결코 위작이 아니며 법장의 저작 중에 가장 초기에 쓰인 것이라고 한다. 이 설에 대해 가마타 시게오(鎌田茂雄)는[115] 세 가지 이유를 들어 초기 찬술설을 찬동하고 있다. 근래에 신라찬술이라는 주장[116]도 제기되었지만, 지금으로서는 방영이 주장한 초기 찬술이라는 설이 타당하다고 보인다. 그렇다면 『오교장』보다 이전의 것이라는 점과 38세 이전의 저작이라는 것은 당연하다.

⑩ 『화엄삼보장華嚴三寶章』 2권

법장 자신은 『화엄현의장華嚴玄義章』 또는 『화엄현의장등잡의華嚴玄義章等雜義』라고 기록하고 있다. 전자는 『화엄경전기』에서의 명칭이고[117] 후자는 『기해동서』에서 보이는 것이다.[118] 그러나 현존하는 『삼보장』의 마지막 장이 『현의장』이고, 또한 7장으로 되어 있는 중에서 제1장은 『삼보장』이기 때문에[119] 어떤 것을 근본으로 하는가라는 입장

---

114 『탐현기남기록』 1(『일장경』, 華嚴部藏疏, p.1550上).
115 鎌田茂雄, 「法藏撰華嚴經問答について」(『印度學佛敎學硏究』 7-2, 1959), pp.241~247.
116 吉津宜英, 「緣起と性起」(『東洋學術硏究』 22-2, 1983); 石井公成, 「華嚴經問答の諸問題」(『華嚴思想の硏究』, 東京: 春秋社, 1996).
117 『화엄경전기』 5(『대정장』 51, p.172中).
118 『기해동서』(『원종문류』 22 수록, 『한불전』 4, p.636上).
119 『화엄삼보장』(『대정장』 45, p.623下, p.613上).

에서 전체의 서명으로 삼은 것이라고 추정된다. 그러나 『의천록』은
7장 가운데 어디에도 중점을 두지 않았기 때문에 다만 『화엄경잡장문華
嚴經雜章門』으로 부르고 있다.

그런데 본서의 찬술연대에 대하여 우선 『화엄경전기』에 수록된
것을 고려하면, 그의 나이 50세 이전으로 된다. 그리고 찬호의 사명이
위국서사이기 때문에 수공 3년(687)에서 천수 2년(691)에 이르는
기간의 찬술로 추정된다. 즉 법장이 45~49세까지의 기간이다. 또한
『탐현기』에서 "이 중에 삼보장이 있고 따로 말한 것과 같다"[120]고 하는
점에서 병행하여 쓴 것이라는 견해[121]도 있지만 그 이전이라고 보는
것이 타당할 것이다.

⑪『관맥의기關脈義記』 1권

우선 찬호가 없고 본서를 전하는 경록도 『원초록』, 『영초록』 등 일본의
목록에만 있기 때문에 진위에 문제의 소지가 있는 책이다. 특히 화엄경
관을 4세四勢에 의해 파악하려고 하는 방법은 법장의 다른 책에 보이지
않는 법상法相이지만 내용에서 이의를 제기할 점은 없는 듯하다.

현존하는 법장의 저작 중에서 진위는 별도로 하고 『팔십화엄』을
인용하여 해석하고 있는 것은 앞서 언급한 『망진환원관』과 본서 및
『금사자장』뿐이다.[122] 그러나 본서는 『육십화엄』에 대해서도 인용하

---

120 『탐현기』 1(『대정장』 35, p.211下).

121 小林實玄, 「華嚴玄義章等雜義と凝然-華嚴七科章義瓊記の斷簡について-」(『印度學佛教學硏究』21-2, 1973), p.243.

122 鎌田茂雄, 「華嚴學の典籍および硏究文獻」(『華嚴思想』, 京都: 法藏館, 1982),

고 있다.

⑫ 『화엄경전기華嚴經傳記』 5권

본서가 법장의 저작이라는 것은 『탐현기』에 '오권五卷『화엄전華嚴
傳』'[123]으로 인용되고 있는 점에서도 알 수 있다. 또한『문의강목文義綱
目』에서는 지바하라地婆訶羅의 역경에 대해 언급한 후 '여신집화엄전중
변如新集華嚴傳中弁'[124]이라고 하는 것으로 미루어 법장의 저작임이 분
명하지만 타인의 첨삭이 가해졌음도 인정해야만 한다. 그것은 법장
자신의 호칭에 대하여 서대원사법장사西大原寺法藏師[125]와 현수법사賢
首法師[126] 등이 뒤섞여 있기 때문으로, 법장 이후의 인물들에 의해
첨삭되었음을 엿볼 수 있다. 하지만 이 첨삭이 몇 번 정도, 또는
어떠한 방법으로 행해졌는가는 분명하지 않다.

　그런데 찬술연대에 대해서는 『탐현기』에 인용되어 있으므로 그
이전일 것이다. 그러나 『탐현기』는 『문의강목』을 이어서 찬술된 것이
므로[127] 이보다는 이전의 것이지만, 반대로 『화엄경전기』에도 '화엄강
목 1권華嚴綱目一卷'[128]이라는 기록이 보이므로 반드시 그렇다고 말할

---

　p.496에서 『關脈義記』가 『팔십화엄』의 최초의 주석이라고 한다.

123　상동(『대정장』 35, p.123上).

124　『문의강목』(『대정장』 35, p.493中).

125　『화엄경전기』 5(『대정장』 51, p.172上).

126　『대정장』 51, pp.154下~166中.

127　吉津宜英, 「華嚴經傳記について」(『駒澤佛教學部研究論集』 9, 1978), p.162에서
　　는 『문의강목』과 『탐현기』의 서문을 대조하여 거의 동일한 것으로 보고 있다.

128　『대정장』 51, p172中.

수는 없다.

그리고 『문의강목』은 영륭 원년(永隆元年, 680) 일조삼장의 기사를 수록하고 있기 때문에[129] 이후의 저작임은 분명하다.

그러나 본서에 인용하고 있는 『화엄지귀』를 보면 제운반야가 재초 원년(載初元年, 690) 혹은 영창 원년(永昌元年, 689)에 역경[130]한 『화엄 경부사의경계분華嚴經不思議境界分』을 인용하고 있기 때문에[131] 적어 도 690년 이후, 즉 장수 원년(692) 무렵의 찬술로 보아야 할 것이다. 물론 『지귀』를 이후의 첨삭된 것이라 한다면 찬술연대가 더 소급될 수 있지만 첨삭이라고 추정하는 것도 무리가 따른다. 그러나 실차난타 實叉難陀에 관한 기사는 분명히 첨삭된 것이다. 왜냐하면 실차난타의 전기에 보이는 연대가 다음과 같이

증성 원년(証聖元年, 695)	실차난타 『팔십화엄경八十華嚴經』 역경 개시
성력 2년(聖曆2年, 699)	실차난타 『팔십화엄경』 역경 종료
구시 원년(久視元年, 700)	실차난타 『입능가경入楞伽經』 역경
장안 4년(長安4年, 704)	실차난타 우전于闐으로 귀국
경룡 2년(景龍2年, 708)	실차난타 재차 중국으로 옴
경운 원년(景雲元年, 710)	실차난타 입적

이라는 기록이 있지만,[132] 앞에서 살펴보았듯이 『탐현기』 1의 하한선을

---

129 『문의강목』(『대정장』 35, p.493中).
130 『화엄경전기』 1(『대정장』 51, p.156上)에는 載初元年(690)으로 되어 있고, 『개원 록』 9(『대정장』 55, p.565中)에는 永昌元年(689)으로 되어 있다.
131 『화엄경지귀』(『대정장』 45, p.591上) "華嚴佛境界分云 盧舍那佛於一塵中"
132 『화엄경전기』 1(『대정장』 51, p.155上中).

700년으로 하였기 때문에 그 연대 이후의 것이 자주 나오는 「실차난타전」은 후에 만들어진 것이라 여겨진다.

더구나 이 첨삭에 대해서 실차난타의 입적인 경운 원년(710) 10월부터 법장의 입적인 선천先天 원년(712) 11월까지 법장 자신이 첨가하였다는 것은 이해할 수 있다.

⑬『밀엄경소密嚴經疏』 4권

본서는 현존하는 법장의 저작 중에서 『속장경續藏經』에 수록되어 있는 3부의 하나이지만 찬호에 사찰명이 없고 다만 '사문법장沙門法藏 찬撰'으로만 되어 있다.

이것은 역경 이후의 소疏이기 때문에 우선 『밀엄경』의 역경에 대해 『개원록』[133]을 살펴보면 지바하라地婆訶羅는 『대승현식경大乘顯識經』 등 18부의 경론을 의봉 초년(儀鳳初年, 676)부터 수공 말년(垂拱末年, 688)까지 양경兩京 동서태원사東西太原寺와 서경西京 홍복사弘福寺에서 역경하였다고 한다. 물론 18부 중에 『밀엄경』도 수록되어 있다. 그러나 그의 실제 입적은 687년이다. 또한 법장의 『화엄경전기』[134]에서 일조삼장은 영융 초년(680) 장안에 와서 위국서사에서 『밀엄경』 등을 역경하였다고 한다. 수공 3년(687)은 위국서사로 개칭된 해이자 일조삼장이 입적한 해이기도 하다. 따라서 앞의 『개원록』의 기술과 현재의

---

133 『개원록』 9(『대정장』 55, p.564上) "沙門地婆訶羅 … 以天皇儀鳳初至天后垂拱末 於兩京東西太原寺 及西京弘福寺 譯大乘顯識經等一十八部". 또한 『大周錄』 1(『대정장』 55, p.379下)에는 역출연대가 기록되어 있지 않다.

134 『화엄경전기』 1(『대정장』 51, p.154下).

것을 합쳐서 생각하면 역경은 687년 이전으로 되고, 그 「소」는 그 이후가 되는 것이다. 그러나 또 한 가지 논거로 들 수 있는『법계무차별론소法界無差別論疏』(696 이후)가『밀엄경소』를 인용하고 있기 때문에[135] 그 이전에 성립한 것이다.

결국 687년부터 690년까지의 위국서사 시기에 쓰여진 저작일 것이다. 단지 본서는 제1권이 빠져 있어서 현담이 없지만,『오조략기』에서는 3권이라고 한다.[136] 또한 법장의 유식관을 살펴보는 데 중요한 책이라 할 것이다.

이상에서 거론한 저작은 모두 현존하는 것이지만 현존하지 않는 저술과의 연관성에서도 살펴보아야 할 것이다.

2) 찬술연대의 추정

앞의 검토에 의해 다음의 사실이 분명해졌다고 할 수 있다. 우선『화엄경문답』,『관맥의기』,『화엄책림』,『기신론별기』,『금사자장』,『망진환원관』 등은 진위의 대상이 된 저작이고,『화엄발보리심장』,『오교장』,『화엄삼보장』,『화엄경전기』,『보현관행법문』,『유심법계기』,『화엄삼매장』 등의 저작은 법장 이후의 인물에 의해 첨삭되거나, 어떤 형태로든 개변될 가능성이 있는 소위 성립상의 의문을 포함하고 있는 것이다.

그렇다고 해서 위의 것 이외에는 문제가 전혀 없는 법장 자신의 찬술인가라고 하면, 그렇게 단정할 수는 없지만 몇 개의 저작, 즉

135 『법계무차별론소』(『대정장』 44, p.68中) "如密嚴經疏中具說"
136 『오조략기』(『속장경』 134, p.275左上).

『반야심경소』, 『탐현기』, 『입능가심현의』, 『십이문론종치의기』, 『기
신론의기』, 『화엄경지귀』, 『의해백문』, 『법계무차별론소』, 『기해동
서』, 『문의강목』, 『밀엄경소』, 『범망경소』 등은 법장 자신의 저작으로
보아도 좋을 듯하다.

그렇다면 이 저작들의 찬술연대를 정리해 보자. 물론 앞에서 저술연
대를 언급한 대목도 있지만 일목요연하지 않다. 그래서 지금까지
진위를 검토한 저작은 물론 법장의 현존하는 저술[137] 전부를 찬술연대
순으로 대강 다음과 같이 정리할 수 있다.

1) 680년 이전, 『화엄경문답華嚴經問答』 2권

2) 680~683년 무렵, 『화엄오교장華嚴五敎章』 4권

3) 685~687년 무렵, 『십이문론종치의기十二門論宗致義記』 2권

4) 687~690년 무렵, 『범망경소梵網經疏』 6권

5) 690년까지, 『밀엄경소密嚴經疏』 4권

6) 691년 무렵, 『화엄경지귀華嚴經旨歸』 1권

7) 692년 무렵, 『화엄경전기華嚴經傳記』 5권(단, 자신에 의한 첨삭은
입적까지)

8) 692~694년, 『문의강목文義綱目』 1권

9) 695~700년 무렵, 『화엄경탐현기華嚴經探玄記』 22권

10) 696년, 『기신론의기起信論義記』 5권

11) 696년 이후, 『법계무차별론소法界無差別論疏』 1권

12) 696년 이후, 『화엄경삼보장華嚴經三寶章』 2권

13) 699년 무렵, 『기해동서寄海東書』 1권

---

137 본서 제2장 제1절 참조.

14) 701년 무렵,『기신론별기起信論別記』1권

15) 702년,『반야심경소般若心經疏』1권

16) 705년 무렵,『입능가심현의入楞伽心玄義』1권

17) 706년 이후,『금사자장金師子章』1권

18) 706년 무렵,『의해백문義海百門』1권

19) 706년 이후,『망진환원관妄盡還源觀』1권

20) 706년에서 입적까지,『유심법계기遊心法界記』1권

21) 709년 무렵,『화엄발보리심장華嚴發菩提心章』1권

22) 709년 무렵,『보현관행법문普賢觀行法門』1권

23) 710년 무렵,『화엄삼매장華嚴三昧章』1권

24) 불명不明,『화엄경관맥의기華嚴經關脈義記』1권

25) 불명,『화엄경책림義嚴經策林』1권

이상 법장이라는 한 사람의 중국불교 학자가 어떠한 입장에서 무엇을 저술하여 자신이 몸담은 화엄종의 교학적 근거로 삼고자 하였는가에 대하여 검토해 보았다. 물론 법장 저작의 일람에서 제외되어야 할 것도 있지만 이것들이 무엇 때문에, 누구에 의해 법장에게 가탁되었는가라는 새로운 문제로까지 도전한 것이기도 하다. 그렇게 함으로써 역경삼장 간의 교류를 비롯하여 그의 가르침을 받은 문하생들의 학문적 입장까지도 짐작해볼 수 있기 때문이다.

그런 의미에서 저술 자체가 진위의 대상이 되거나 타인에 의해 윤색된 것이라 하더라도 현재 법장의 저작이라고 생각되는 것은 모두 다루었다. 그것은 법장과 어떤 관계가 있을 뿐만 아니라 법장 교학의

범위라는 의미에서도 저작 전부에 대하여 찬술연대를 추정해 보고자
하는 의도에서였다.

그러나 이것에 의해 저작의 진위에 대한 경중의 기준을 결정할 수는
없다. 왜냐하면 법장의 저작 이외에도 스승인 지엄 및 제자인 정법사
혜원, 그리고 징관·종밀 등 화엄의 전등傳燈을 전한 사람들은 물론이고,
다른 학파 사람들의 저작과의 비교 검토도 필요하기 때문이다.

제4장 법장의 화엄교학

1. 법장의 교상즉관법

법장(643~712)의 교학을 파악하고자 할 경우, 무엇보다도 먼저 다루어져야 할 것은 화엄교학의 해명이라 하겠다. 그러나 좀 더 중요한 것은 법장의 화엄교학이 어떠한 실천적 기반 위에서 성립되었나 하는 문제일 것이다.

왜냐하면 종교는 단순히 이론철학만을 전개하는 것이 아니라 그 이론을 근거로 한 실천이 뒤따라야 하기 때문이다. 그러한 의미에서 법장의 화엄교학은 교리를 떠나서 관법, 즉 법을 관상하는 실천체계가 따로 있는 것이 아니라 '교상즉관법教相卽觀法'이라는 입장을 취하는 이유도 이런 면에서 그 맥락을 같이 하고 있다. 뿐만 아니라 이것은 천태에서 말하는 '교상일치教相一致'라든가 '교상불이教相不二'[1]라는 입장을 더욱 더 철저히 강조한 것이라 할 수 있겠다.

그런데 법장은 관법에 관한 많은 저서를 남기고 또한 실천의 필요성을 강조했음에도 불구하고, 그의 근본적 입장이 철학적이고 관념론적인 인상을 주고 있는 것은 바로 교의가 그대로 관법인 입장에 기인하기 때문이라고 생각된다.

따라서 법장의 그러한 입장을 밝히기 위해 먼저 그의 실천론적 구조를 살펴보고, 그것이 교리와 어떠한 관계인가를 분명히 해야 할 것이다. 그러한 의도에서 본 절에서는 교상과 관법의 관계를 매개로 하여 법장의 화엄교학을 살펴보고자 한다.

1) 화엄관법의 전개

불교에서 실천적 체계는 관과 행에 의해 조직된다. 이때 관을 직관直觀이라고 한다면 행은 행위이다. 이 직관이 행위로 나타났을 때의 행위가 또한 직관을 더욱 깊이 있게 하는 것이다. 이러한 것을 포괄하여 불교적 체험이라 하며, 따라서 체험은 직관적으로 얻어지고, 실천은 행위적으로 나타나는 것이다. 다시 말해 불타의 정각이 삼매에서 연기관으로 설해진 것도 연기의 순역관이 관의 내용이 되고 동시에 순역의 관찰 그 자체가 연기관으로서 성립하는 것이다. 이러한 연기관이 삼매에서 성립하므로 사마타奢摩他와 비바사나毘婆舍那, 즉 지止와

---

1 關口眞大, 「天台止觀の成立とその展開」(『佛教の根本眞理』, 東京: 三省堂, 1956), p.846. 천태교학에서는 교리연구와 실천수도의 양면을 새의 두 날개와 수레의 두 바퀴에 비유하여 이 둘의 일치를 주장하고 있다. 그러나 둘인 것을 전제하기 때문에 一致라든가 不二라고 할 수 있는 것이다. 화엄의 입장에서처럼 '卽(equal)'의 관계가 아니다.

관觀이 성립한다고 설한다.[2] 따라서 화엄에서는 법을 관상하는 실천체계를 '교즉관敎卽觀', 즉 교를 떠나서 관이 없고, 관 이외에 따로 교를 세우지 않는 것도 이러한 맥락에서 이루어진다. 그러나 이 점은 자칫 잘못하면 실천의 관점을 잃어버릴 위험성을 안고 있기도 하다. 그러한 가운데 과감하게 남북조시대의 경전 주석적 입장을 취하지 않고 관문觀門의 입장에서 화엄경을 총괄한 것이 두순(杜順, 557~640)의 『법계관문』[3]이다. 따라서 화엄관법華嚴觀法은 바로 이 『법계관문』을 근본으로 하고 있다. 이와 같은 사상적인 흐름 속에서 화엄관법에서 표명된 실천적 자각이 어떻게 전개되고 또한 그것이 교상과 '즉卽'이 되기 위해 어떻게 변용되는가 하는 문제에 초점을 두고 고찰해 보겠다.

『법계관문』은 진공관眞空觀·이사무애관理事無碍觀·주변함용관周遍含容觀으로 구성되어 있지만 이 삼관三觀이 서로 어떤 관계인지, 차례로 진전되어 가는 것인지, 아니면 독립된 것인지 등에 대한 아무런 언급이 없다. 단지 사상내용면에서 보면 삼관 전체 혹은 하나하나가 차례로 고도의 추상성, 사변성을 더하고, 화엄세계를 보다 정확하게 표상해가는 것은 인정해도 좋을 듯하다.[4]

먼저 진공관은 공관에 관한 것인데, 이를 다시 회색귀공관會色歸空觀·명공즉색관明空卽色觀·공색무애관空色無碍觀·민절무기관泯絶無寄觀 등의 4관으로 설명하고 있다. 특히 네 번째 민절무기관은 일체의

---

2 高峯了州, 「佛敎的實踐の基盤」(『佛敎學硏究』 12·13, 1956), p.65.

3 이에 대한 자세한 연구논문으로는 木村淸孝, 『初期中國華嚴思想の硏究』(東京: 春秋社, 1977), pp.328-365가 있다.

4 木村淸孝, 앞의 책, p.344.

개념적 규정과 일체의 분별을 초월한 것으로 설해진다. 그렇기 때문에 여기서는 공관이 논리적이거나 철학적으로 이해되지 않고, 다음과 같이 실천적으로 파악되고 있는 점이 특색이다.

이 관하는 바 진공은 가히 절색卽色·부절색不卽色이라 하지 못하며, 또한 즉공卽空·부즉공不卽空이라고도 하지 못한다. 일체법이 다 불가不可이며, 불가도 또한 불가이다. 이는 말로써 받지 못하며 회절廻絶하여 의지할 바가 없다. 말이 미치는 바가 아니며 알 수 있는 바도 아니니, 이를 행경行境이라 한다. 왜냐하면 마음을 내고 생각을 움직이니, 곧 법체를 어겨서 정념을 잃기 때문이다.[5]

여기서 진공은 언어가 미치지 못하는 경계로 파악되고, 지해智解가 이르지 않는 '행경行境'이라 한다. 이 '행경'은 바로 실천에 의해 파악된 세계인 것이다.[6] 그러므로 관에 있어서의 무능소無能所의 입장이자 공관의 귀취歸趣이므로 이를 관체觀體로 삼는 것[7]은 당연하다 할 수 있겠다.

다음 제2 이사무애理事無碍觀은 십문十門으로 설해지는데, 이 십문이 그대로 법장의 『발보리심장發菩提心章』에 인용되어 있다. 또한 이것은 사법事法에서 관하는 공관임과 동시에 여래장의 관문적 파악이

---

5 『華嚴法界玄鏡』上(『대정장』45, p.675上) "謂此所觀眞空 不可言卽色不卽色 亦不可 言卽空不卽空 一切法皆不可 不可亦不可 此語亦不受 迥絶無寄 非言所及 非解所到 是謂行境 何以故 以生心動念 卽乖法體失正念故"

6 鎌田茂雄, 『中國華嚴思想史の研究』(東京: 東京大學出版會, 1965), p.62.

7 小林實玄, 「華嚴觀門の展開と敎學の變遷」(『佛敎學硏究』 20, 1964), p.32.

라고 할 수 있을 뿐만 아니라, 주변함용관의 논리적인 기초가 되고
있다. 그러나 징관(澄觀, 738~839)은 이 십문을 상변相遍·상성相成·상
해相害·상즉相卽·상비相非의 오대五對로써 해석하고,[8] 더욱이 이것과
주변함용관의 관계를 '사리무애事理無碍'와 '사사무애事事無碍'의 관계
로 설명하고 있다.[9] 특히 이사무애理事無碍의 입장을 한층 더 간명하게
나타내고 있는 것이 주변함용관의 전삼문前三門이지만, 이 십문조직이
야말로 두순의 독자적 관법에 의한 화엄법문이다. 그 십문을 보면

제1 이여사문理如事門	제6 변함무애문遍含無碍門
제2 사여리문事如理門	제7 섭입무애문攝入無碍門
제3 사함이사문事含理事門	제8 교섭무애문交涉無碍門
제4 통국무애문通局無碍門	제9 상재무애문相在無碍門
제5 광협무애문廣狹無碍門	제10 보융무애문普融無碍門

의 조직이다.[10] 여기서 후반의 칠문[後七門]이 바로 사사무애의 입장이
나, 근원적 입장은 제6 변함무애문에서 찾을 수 있다. 그것은 『법계현
경法界玄鏡』에서 "이 문은 바로 제4문, 제5문의 두 문을 합하고 다시
제2문, 제3문을 합한 것"[11]이라고 하듯이, 주변함용의 관명觀名이 붙여

---

8 『화엄법계현경』上(『대정장』45, p.675中).

9 高峯了州, 『華嚴思想史』(京都: 百華苑, 1942), p.289. 징관은 '사사무애에서 이사무
   애를 보고 이사무애에 의해 사사무애를 증명한다'고 하는 一體의 관계로서 이해하고
   있다.

10 『법계현경』上(『대정장』45, pp.680中~683上).

11 상동(『대정장』45, p.681中).

진 이유도 여기에서 찾아볼 수 있기 때문이다.

제6 변함무애문은 일진一塵에서의 연기가 관의 내용이 되고 있지만, 단지 연기는 일진에서의 사여리事如理·이여사理如事로서, 사사가 바로 무애인 제3 사함이사문의 사에서 설해지고 있다. 그러나 그 근본은 일一이 일체一切에 두루하는 제4 통국무애문과 일체가 일에 포함되는 제5 광협무애문에 있는 것이다. 그러므로 연기는 일사一事·일진一塵에서의 변遍과 용容의 입장에서, 일이 일체에 대한 경우에서는 제6 변함무애문으로 나타나고, 일체가 일에 대할 때는 제7 섭입무애문으로서 설해진 것이다. 이러한 관계는 결국 변에서 섭攝이 성립하고, 용에서 입入이 현성現成하기 때문이다.

따라서 일과 일체의 상호적 관계에서 무진연기로서의 제8 교섭무애문과 제9 상재무애문이 변함무애를 근본으로 할 뿐만 아니라, 그것이 널리 동시에 성립한다고 하는 제10 보용무애에서 주변함용周遍含容의 연기를 다하는 것이다.[12] 다시 말해 이 관문의 내용은 일사에서 무애를, 체에서 상즉을 포함한 상입을, 용의 입장에서 나타낸 것이라 볼 수 있다. 그러므로 화엄교학의 근원으로서 법계의 무진한 연기는 여기서 그 근본을 확립한 것이다.

이상과 같이 두순이 도달한 법계관문의 관법을 법장이 어떤 입장에서 받아들이고 어떻게 체계화시켰는가 하는 것을 다음 항에서 살펴보고자 한다.

---

12 高峯了州, 앞의 책, p.152.

2) 화엄교학에서 '즉'의 의미

법장의 입장에서는 교상과 관법이 둘이 아니라 그대로 같은 것, 바로
'즉卽'[13]이라는 체계를 밝히기 전에 과연 화엄교학에서는 '즉'의 의미를
어떻게 해석하고 있는가를 살펴봄으로써 법장의 입장이 더욱 명확해
지리라 생각된다.

원래 역경에서 '즉'이라는 용어를 처음 사용한 이는 구마라집이지만,
이것이 중국불교에서 문제시된 것은 길장吉藏에 의해서이다.[14]

그러나 화엄교학에서도 '즉'이 사사무애법계에서 상즉상입함을 구
경으로 하고 있다. 그뿐만 아니라 상즉의 연기관은 『화엄경』의 근간에
흐르는 교학적 주제이기도 하다. 그렇기 때문에 법장은 『탐현기探玄
記』에서 선인先人이 설한 바를 참조하여 자신의 교학적 입장을 다음과
같이 천명하여

네 번째는 원교라고 하는데, 비밀교라 하기도 한다. 법계는 자재·구
족·원만하여 일즉일체一卽一切며 일체즉일一切卽一인 무애법문이
다. 또한 화엄 등이 바로 이것이다.[15]

---

13 坂本幸男, 「卽の意義及び構造について」(『大乘佛教の研究』, 東京: 大東出版社,
1980), p.429에서 한자의 '卽'에 ①그 자리에 오르다(卽位의 경우), ②가까이
가다, ③지금, 당장(卽時의 경우), ④곧, 즉 그대로 등의 의미가 있다고 소개한다.
이 방면의 연구로는 佐藤賢順, 「弁証論理と相卽論理」(『大正大學研究紀要』 39,
1954)가 있다.

14 坂本幸男, 위의 책, p.429.

15 『탐현기』 1(『대정장』 35, p.111上) "四名圓教 亦名祕密教 謂法界自在具足圓滿一卽
一切一切卽一無礙法門 亦華嚴等是也"

라고 한다. 다시 오교판의 제5문에 대해서는

다섯째인 원교에서 설한 바는 오직 무진법계이다. 성해性海는 원융
하고 연기는 무애이다. 상즉상입하는 것이 인다라망의 중중무제重
重無際로서 미세상용微細相容하여 주반무진主伴無盡과 같다. 십십十
十의 법문을 각각 법계라 칭한다.[16]

고 하는 것에서도 잘 나타나 있다. 여기서 말하는 상즉의 연기는 단순히
어떤 둘이라는 것이 단락적으로 하나가 된 것이 아니다. 그 둘은 둘로서
분명하게 이질적인 본성을 유지하면서도 제각기 그 자체임이 근본적으
로 부정된다. 더구나 그 부정을 유일한 매개근거로 하여 새로운 일체화
의 세계를 나타내는 과정이야말로 상즉이다.[17] 따라서 화엄의 즉은
다른 말로 표현하면 '모순의 초극'을 나타낸 것이다.[18]
　법장은 이를 상즉과 상입으로 설명하고 있는데 동체문同體門에서도
상즉과 상입이 있고, 이체문異體門에서도 마찬가지로 즉의 논리를
만전 없이 전개하고 있다.

(먼저 이체문의 상즉·상입에 대하여) 이체문에도 둘이 있는데, 하나는
상즉이고 다른 하나는 상입이다. 이렇게 둘이 있는 것은 모든 연기법

---

16 『탐현기』 1(『대정장』 35, p.116上) "五圓教中所說唯是無盡法界 性海圓融緣起無礙
　　相卽相入如因陀羅網重重無際微細相容主伴無盡 十十法門各稱法界"

17 鍵主良敬, 「華嚴卽非論の一側面」(『大谷學報』 53-3, 1973), p.23.

18 龜川教信, 「華嚴の卽について」(『佛教學研究』 4, 1950), p.66.

에는 다 두 가지 뜻이 있기 때문이다. 첫째는 공空과 유有의 뜻인데, 이는 그 자체의 입장에서 본 것이다. 둘째는 역力과 무력無力의 뜻인데, 이것은 그 작용력과 작용의 입장에서 바라본 것이다. 처음 뜻에 연유하기 때문에 상즉할 수 있으며, 후자의 뜻에 근거하기 때문에 상입할 수 있다.[19]

고 한다. 이어 동체문의 상즉·상입에 대한 설명[20]도 이와 마찬가지이다. 거기에 의하면 상즉은 법의 체에 대한 즉이고, 상입은 법의 용에 대한 즉을 가리키는 것임을 알 수 있다. 연기의 제법은 그 자체에 자성이 없고, 무자성은 즉공이어야 한다. 따라서 이미 연기현전緣起現前한 유이므로 그것은 유체有體로서 허무가 아니다. 그러므로 일一을 유라고 하면 일체一切는 무가 되어 일에 상즉하고, 일을 무자성공의 입장에서 보면 일체는 연기현전하여 일은 일체에 즉하는 것이라는 의미이다.

그러나 일즉일체와 일체즉일은 단순히 동일한 사실을 거꾸로 반복한 것만은 결코 아니다. 상즉에서 개체가 개체 그대로 전체임을 나타내는 것을 일즉일체라 하고, 또한 상입에서는 전체야말로 개체로 하여금 개체일 수 있게 하는 것이라는 의미에서 전체는 오히려 개체의 추상적인 것임을 나타내는 것을 일체즉일이라 한다. 따라서 화엄의 즉은

---

19 『오교장』 4(『대정장』 45, p.503中) "就異體中有二門 一相卽 二相入 所以有此二門者 以諸緣起法皆有二義故 一空有義 此望自體 二力無力義 此望力用 由初義故得相卽 由後義故得相入"

20 상동(『대정장』 45, p.504中).

서로 대립하고 모순되는 사와 사가 장애를 매개로 하여 바로 무애가
되는 중중무진인 것이다.

말하자면 용수의 『중론中論』에서의 입장이 항상 부정으로 일관하여
모순이 오히려 결합의 근본임을 나타내는 반면, 화엄의 입장은 이를
다시 적극적으로 대처하고 있다. 다시 말해서 진실로 상즉상입한다는
것은 독립이 동시에 결합임을 밝히고, 독립으로 하여금 독립하게
함은 단순한 고립이 아니라 서로 다른 것과의 결합에서 비로소 독립임
을 분명히 하는 것이기 때문이다. 그러나 십현연기와 육상원융이
십현연기관十玄緣起觀·육상원융관六相圓融觀 등 관觀의 내용으로서 생
각되지 않으면 안 되는 것은 화엄의 '즉'이 오로지 주체적 체험의
사실로서 이해되어야 하는 점[21]이기 때문이다. 그러므로 교리와 분리
시키면서까지 별도로 관법에 대한 실천체계를 굳이 설정할 필요가
없었던 것이다.

3) 법장의 교상즉관법

법장의 교학을 이해하고 그의 사상의 배후에 있는 실천체계를 살피기
위한 일차적 자료는 역시 법장의 저서가 중심이 되어야 할 것이다.
그의 저서에 대한 진위의 문제라든가 저작성립상의 문제들에 대해서
는 앞 장에서 다룬 바 있다. 이를 참고하여 현존하는 저서 25부의
분류를 시도해 보면, 대체로 다음과 같이 세 종류로 나눌 수 있다.

---

21 龜川敎信, 앞의 책, p.73.

① 교판적인 것

『화엄오교장華嚴五教章』,『화엄경탐현기華嚴經探玄記』(현담玄談 부분),『기신론의기起信論義記』,『무차별론소無差別論疏』,『입능가심현의入楞伽心玄義』 등

② 관법적인 것

『발보리심장發菩提心章』,『유심법계기遊心法界記』,『망진환원관妄盡還源觀』,『의해법문의해法門』,『보현관행법문普賢觀行法門』,『화엄삼매장華嚴三昧章』,『금사자장金師子章』 등

③ 경론주석적인 것

ⅰ) 화엄경의 강요서綱要書적인 것:『화엄경문의강목華嚴經文義綱目』,『화엄경지귀華嚴經旨歸』,『화엄경책림華嚴經策林』,『화엄경문답華嚴經問答』,『화엄경삼보장華嚴經三寶章』,『화엄경관맥의기華嚴經關脈義記』 등

ⅱ) 다른 경론의 주석서註釋書적인 것:『반야심경략소般若心經略疏』,『범망경소梵網經疏』,『밀엄경소密嚴經疏』,『십이문론十二門論』,『종치의기宗致義記』,『기신론별기起信論別記』

ⅲ) 기타:『화엄경전기華嚴經傳記』,『기해동서寄海東書』

위에서 『화엄경』에 관한 저서가 가장 많은 것은 당연하다고 할 수 있겠으나, 특히 화엄교학의 실천체계를 설한 관법에 관한 저서가 비교적 많은 점이 주목된다고 하겠다.

먼저 ①번 저술에서 보이는 교판, 그것은 중국불교에서 발달한 경전의 정리방법으로 현교에서 가장 잘 완성된 마지막 교판론이 바로

법장의 오교십종五敎十宗이다. 그뿐만 아니라 독자적인 의미를 가진
사종판四宗判과 스승인 지엄의 설을 바탕으로 하면서 내용을 더욱
진전시킨 동별이교판同別二敎判 등이 대표적인 것이다.[22]

　그러나 법장의 교판론의 기본은 화엄일승으로서의 원교이며, 그
원교를 어디까지나 별교일승別敎一乘으로 한정시키고 있다. 왜냐하면
별교일승은 교설로서 말이 되기 이전의 유일이라고 표현할 수밖에
없는 경지, 즉 불타의 자내증이자 바로『화엄경』이기 때문이다. 따라서
별교일승은 화엄의 일승이자 동시에 불교의 원점이기도 하다는 것이
법장의 기본적 관점이었다. 말하자면 과상현果上現의 입장인 것이다.
더구나 그것은 반드시 해인삼매에 의해 일어난다고 하는 점에서 바로
'교상즉관법敎相卽觀法'의 입장이 잘 나타나 있다.

　그것은『오교장』첫머리[23]에서 화엄교학의 전체적인 구조가 해인삼
매라는 선정체험에 근거하고 있다는 것을 밝히고 있듯이, 법장교학은
단순히 사색에 의해 얻어진 논리가 아니라 실천체계가 깊이 연관되어
있다는 것을 알 수 있다.

　『오교장』에서는 그러한 근본적 입장을 다음과 같이 밝히고 있다.

　처음은 별교일승을 말하는 것이다. 즉 부처님께서 맨 처음 성도하시
　어 14일째 보리수 밑에서 마치 태양이 떠올라 우선 높은 산을 비추듯
　이 해인삼매에 드셔서 동시에 중중무진한 법문을 설하시다. 그것은
　주반主伴이 구족하고 융통하여 자재로우며 구세십세九世十世로 겸

22　본서 제3장 제2절 참조.
23　『대정장』45, p.477上 "今將開釋如來海印三昧一乘敎義 略作十門"

하여 인다라의 미세한 경계를 다한 것이다. 곧 그때에 일체의 인과因果·이사理事 등과 모든 전후의 법문 내지 말대에 유통할 사리견문舍利見聞과 같은 것들을 함께 동시에 나타내시다.[24]

요컨대 부처님이 처음 성도하시어 해인삼매 속에서 설하신 것이 별교일승이라는 것이다. 그것은 바로 『화엄경』의 내용이자 무진한 연기로서 일체가 다 포섭되어 있다고 한다. 다시 말해서 해인삼매의 내용 속에 교리체계가 다 포함되어 있을 뿐만 아니라, 그 사상의 배후에 깊은 실천적 체계가 관련하고 있음을 알 수 있다. 왜냐하면 일체법一切法을 관하는 입장에서는 일체의 현상과 보살도의 실천이 결코 다르지 않기 때문이다. 그런 의미에서 화엄교학의 궁극적 경지로 표현되는 중중무진, 원융무애, 법계연기 등이 그대로 제각기 '관'이라는 용어로도 불리는 것은 바로 이러한 입장에 기인하고 있는 것이다.

그런데 앞에서도 언급하였듯이, 화엄종의 전통적 관법[25]은 두순의 『법계관문』에 근거하고 있다. 이때의 법계관은 바로 법계연기관으로서 선종의 선관처럼 교외별전·불립문자의 입장이 아니라, 어디까지나

---

24 『오교장』 1(『대정장』 45, p.482中) "初者謂別教一乘 卽佛初成道第二七日 在菩提樹下 猶如日出先照高山 於海印定中同時演說十十法門 主伴具足圓通自在 該於九世十世盡因陀羅微細境界 卽於此時一切因果理事等一切前後法門 乃至末代流通舍利見聞等事 並同時顯現"

25 『유심법계기강변』 上(『일장경』, 華嚴部章疏 上, p.587下)에서는 화엄관법을 三門으로 나누고 있다. 제1 約教淺深門에는 五教止觀, 遊心法界記, 探玄記, 唯識觀을 들고, 제2 直顯奧旨門에는 法界觀門, 妄盡還源觀, 普賢觀, 華嚴世界觀, 三聖圓融觀, 華嚴心要觀을, 제3 寄顯染淨門에 十二緣起觀을 해당시키고 있다.

『화엄경』에 의한 관문의 입장을 나타낸 것이다.

그러나 법계의 개현에 대해 지엄과 법장은 연기관의 입장에서 법계연기를 관한 반면, 징관과 종밀은 그것을 일심의 입장에서 관찰한 성기관性起觀이다.

이러한 『법계관문』의 전통을 그대로 조술祖述한 것이 바로 위의 ②번에 보이는 『발보리심장發菩提心章』이다. 그 내용은 제1 발심發心, 제2 간교簡教, 제3 현교顯教, 제4 표덕表德 등으로 분류되어 있고, 표덕에서 다음과 같이 5문으로 나누어진다.

> 제4 표덕表德에 오문五門이 있다. 첫째는 진공관眞空觀, 둘째는 이사무애관理事無碍觀, 셋째는 주변함용관周遍含容觀, 넷째는 색공장십문지관色空章十門止觀, 다섯째는 이사원융의理事圓融義이다.[26]

여기서 앞 삼문은 법계관문의 삼종관문을 그대로 전승한 것이고, 뒤 이문은 앞의 삼문을 종합하고 분석하여 법장 자신의 관문을 서술한 것이다.

그런데 한 가지 주목되는 사실은 법장이 『탐현기』에서 십중유식十重唯識을 설명한 후 실천적 의미의 관행에 대해서는 "일권一卷 『화엄삼매華嚴三昧』에서 설하는 것과 같다"[27]고 언급한 그 십종의 관행이 바로 위의 '색공장십문지관色空章十門止觀'에 해당한다는 것이다. 이렇게

---

26 『발보리심장』(『대정장』 45, p.652中) "第四表德者 自有五門 一眞空觀 二理事無碍觀 三周偏含容觀 四色空章十門止觀 五理事圓融義"

27 『탐현기』 13(『대정장』 35, p.347下).

십중유식을 십문지관의 입장에서 설한 점에서도 교상을 그대로 관법
으로 보는 법장의 입장이 잘 나타나 있다.

다음에, 역시 『법계관문』의 계통을 이어받고 있는 것으로 『오교지관
五教止觀』과 『유심법계기遊心法界記』가 있다. 먼저 전자의 관문의 항목
을 보면[28]

제1 법유아무문法有我無門 ― 소승교小乘教
제2 생즉무생문生卽無生門 ― 대승시교大乘始教
제3 이사원융문事理圓融門 ― 대승종교大乘終教
제4 어관쌍절문語觀雙絶門 ― 대승돈교大乘頓教
제5 화엄삼매문華嚴三昧門 ― 일승원교一乘圓教

에 각각 해당시키고 있다. 이토록 잘 정비된 내용의 전개가 두순시대에
있을 리 없다는 것은 이미 지적되고 있는 바이다.[29] 그러나 주목되는
것은 화엄교학의 가장 궁극적인 과제인 일승원교의 지관 항목을 화엄
삼매문이라 이름한 점이다. 즉 화엄교학의 전체적인 구조가 해인삼매
에 의거하고 있을 뿐만 아니라, 해인삼매는 『화엄경』의 총정總定이므
로 더욱 더 해인삼매문이라 해야 하지 않을까 생각된다. 왜냐하면
위의 화엄삼매문의 내용 그 자체가 바로 일승원교의 지관止觀이자
『유심법계기』[30]가 화엄삼매문을 법계무애문法界無碍門이라고 하듯이

---

28 『오교지관』(『대정장』 45, p.509上).
29 結城令聞, 「華嚴五教止觀の撰述者論攻」(『宗教研究』 7-2, 1930), pp.73~91.
30 『유심법계기』(『대정장』 45, p.642下).

궁극적으로는 법계연기를 나타내고 있기 때문이다. 그러므로 해인삼매와 화엄삼매가 어떤 관계이며, 그것이 법장의 화엄교학에 어떤 역할을 하는가 하는 점이 밝혀져야 할 것이다.

법장에게 『화엄삼매관華嚴三昧觀』이란 저서가 있었다는 것은 『탐현기』[31]와 『화엄경전기』[32] 및 『법장화상전』,[33] 『법계도기총수록』[34] 등을 통해서도 알 수는 있으나, 현존하지 않기 때문에 『화엄삼매장』과 『발보리심장』의 관계를 포함한 재검토가 필요한 실정이다. 그러므로 『유심법계기』를 통해서 살펴보면, 화엄삼매가 해행解行에서는 인因의 삼매이지만 과해果海의 입장에서는 바로 해인삼매라는 것이다.[35] 그렇기 때문에 그것을 다시 '해解와 행行'의 이문二門으로 나누어 설명하고 있다.

먼저 해解에 대해서 연기상유문緣起相由門에서는 유력有力·무력無力 및 제망무진帝網無盡을 설명하고, 이성융통문理性融通門에서는 공불공문空不空門과 시불시문是不是門에 의해 일즉일체一卽一切·일체즉일一切卽一과 일입일체一入一切·일체입일一切入一의 상즉상입相卽相入을 밝히고 있다.[36]

한편 행行에 대해서는

---

31 『탐현기』 13(『대정장』 35, p.347下).

32 『대정장』 51, p.172中 "華嚴三昧觀一卷十門 … 沙門法藏所述"

33 『대정장』 50, p.281上 "就藏所著 華嚴三昧觀直心中十義 而配譬焉"

34 『대정장』 45, p.767中 "賢首大師華嚴三昧觀門中問云"

35 『대정장』 45, p.646中 "此解行爲言 名爲華嚴三昧 如其據果 亦名海印三昧"

36 『대정장』 45, p.646下.

따로 행을 밝히는 것은 위의 해에서 살펴 알아야 한다. 그것은 일 가운데 일체가 있는 때와 같이 이것은 일체 가운데 일이 있는 때인데, 바로 일과 일체가 즉입일시卽入一時이기 때문이다. 왜냐하면 모든 있는 법은 자성이 스스로 그러한 까닭이며〔諸有法性自爾故〕장심藏心은 염染을 따라 회전廻轉하여 이루어지기 때문이다〔藏心隨染廻轉故〕.[37]

고 하여, 두 가지의 근거를 제시하고 있다. 하나는 '제유법성자이고諸有法性自爾故'이며, 다른 하나는 법계관문 이후 화엄의 수관修觀에 본래 존재하는 입장인 '장심수염회전고藏心隨染廻轉故'를 근거로 하고 있다. 이 입장은 화엄교의가 오교로서 정비되는 점에서는 일승과 삼승이 혼동된다는 의미에서 제외되었지만, 관의 행으로서는 그럴 수가 없다.[38] 즉 이는『법계관문』에 의해 화엄의 일승교의를 나타낸 일승십현문이나, 그것을 계승하여 발전시킨『오교장』등에서 십현의 십문 가운데 유심회전선성문唯心廻轉善成門으로 설해지고 있다. 그러면 장심수염회전藏心隨染廻轉의 의미를 지엄의 일승십현문의 유심회전선성문의 내용을 매개로 하여 보면

유심회전唯心廻轉이라는 것은 앞의 제의교문諸義敎門 등과 바로 여래

37 『華嚴遊心法界記』(『대정장』45, pp.647下~648上) "自下第二別明行者 卽於上解中 審諦取之 何者且如一中有一切時 卽是一切中有一時 卽一與一切卽入一時 何以故 以諸有法性自爾故 藏心隨染廻轉成故"
38 小林實玄, 「遊心法界記における華嚴三昧につて」(『印度學佛敎學硏究』23-2, 1975), p.104.

장성청정진심如來藏性淸淨眞心이 건립한 것이다. 혹은 선악의 마음
에 따라 바뀌지기 때문에 회전선성廻轉善成이라 한다. 마음 밖에
경계가 없으므로 유심이며, 순順으로 회전하면 열반이라 하고 …
역逆으로 회전하면 곧 생사이다.[39]

라고 한다. 여기서 말하는 유심회전은 여래장청정심에 의한 것이며
선과 악 두 가지 다 마음에 따라 전환하므로 회전선성이라 하고, 마음
밖에 따로 대상이 없으므로 유심이라고 한다는 것이다. 그러므로 바르
게 회전하면 열반이 될 수 있지만 반대로 회전하면 생사가 되어버린다고
한다. 따라서 장심수염회전은 유심회전선성문을 매개로 삼은 관의
입장에서 이해하면, 장심수염회전은 관에서 즉입일시卽入一時를 이루
는 것이며, 즉입일시를 이루는 것이 법성으로서 설해진 것이다. 그런
의미에서 장심藏心은 화엄의 관문의 자각적 주체를 나타낸 것이다.[40]
　이러한 관점의 화엄삼매가 『망진환원관妄盡還源觀』에서는 새롭게
여래장의 입장에서 구체적인 관법으로 나타난다.
　그런데 화엄관법의 분류에 의하면[41] 『오교지관』과 『유심법계기』
등은 가르침의 깊고 얕음[深淺]에 따라서 관행觀行의 순서를 세운
것이고, 『법계관문』과 『망진환원관』 등은 화엄별교의 진리를 개현한
것이다.
　여기서 직현오지문直顯奧旨門에 속하는 『망진환원관』의 관법을 살

39 『십승십현문』(『대정장』 45, p.518中).
40 石橋眞誠, 「華嚴觀法と唯心思想」(『南都佛教』 61·62, 1989), p.106.
41 『유심법계기강변』 上(『일장경』, 華嚴部章疏 上), p.587下 참조.

펴보면, 일진一塵 가운데서 널리 법계를 관하는 관법이다.[42] 그 구성조
직은 일체一體, 이용二用, 삼변三遍, 사덕四德, 오지五止, 육관六觀으로
성립되어 있으나 근본을 이루는 것은 일체인 자성청정원명체自性淸淨
圓明體인데, 그것을 다음과 같이 설명하고 있다.

일체라는 것은 자성청정원명체이다. 그러나 이것은 바로 여래장
가운데 법성의 체이다. 본래부터 법성 스스로 만족하여 염染에
처하여도 더럽혀지지 않고 닦아도 청정해지는 것이 아니므로 자성
청정이라고 한다. 법성 자체가 두루 빛나서 비추지 않는 곳이 없기
때문에 원명圓明이라 한다.[43]

이어서 『기신론』을 인용하고 있는데, 이 원명체는 여래장 가운데의
법성체, 즉 근본절대의 본체라는 것이다. 그것은 원래부터 불구부정不
垢不淨이므로 자성청정하며, 법성의 본체는 두루 다 빛나서 완전하게
비출 뿐만 아니라 그 본체는 어떠한 환경에서도 증감하는 일이 없다고
한다. 이와 같은 근원으로서의 원명체로부터 현실적 세계를 조망하는
것이 『망진환원관』의 입장이다.

그러나 다시 이 체體로부터 두 가지 용用이 나온다. 그 두 가지
작용이란 해인삼라상주용海印森羅常住用과 법계원명자재용法界圓明

---

42 鎌田茂雄,「妄盡還源觀の思想史的意義」(『中國佛教思想史研究』, 東京: 春秋社,
   1969), pp.357~378.

43 『망진환원관』(『대정장』 45, p.637中) "一顯一體者 謂自性淸淨圓明體 然此卽是如
   來藏中法性之體 從本已來性自滿足 處染不垢 修治不淨 故云自性淸淨 性體遍照無
   幽不燭故曰圓明"

自在用인데, 전자는 해인삼매이고 후자는 화엄삼매이다.

먼저 해인삼매의 설명을 보자.

해인이라는 것은 진여본각이다. 망념이 다해 마음이 맑아지면 만상
이 한꺼번에 나타난다. 마치 큰 바다가 바람에 의해 파도가 일어나다
가 또한 바람이 그치면 물이 고요하게 되어, 모습이 거기에 비치지
않는 것이 없는 것과 같다. 이것을 『기신론』에서는 '무량공덕장無量
功德藏, 법성진여해法性眞如海'라고 한 것이다. 그러므로 해인삼매라
한다.[44]

앞에서 보았듯이 『유심법계기』에서는 인과이위因果二位의 입장에
서 화엄삼매는 인, 해인삼매는 과를 나타낸 것이라 하는 반면, 『탐현
기』에서는 인과이위에 통하는 입장의 해인삼매가 설해져 있다.[45] 즉
과위는 여래의 해인정海印定을 의미하고, 인위는 십신위十信位에서
보현보살 등 모든 보살이 차별 없이 해인삼매를 얻을 수 있다고 한다.
이것은 법계연기를 성립시키는 근본정根本定이 해인삼매라는 의미를
명확히 해주고 있는 것이라 하겠다.

그러나 종교적인 체험을 말로 표현할 때는 추상적 개념을 빌릴
수밖에 없다. 그렇기 때문에 법장은 『망진환원관』에서 해인삼매를
진여본각에 비유하고 있다.

---

44 상동 "言海印者 眞如本覺也 妄盡心澄 萬象齊現 猶如大海因風起浪 若風止息海水澄
清無象不現 起信論云 無量功德藏法性眞如海 所以名爲海印三昧也"

45 『탐현기』 1(『대정장』 35, p.119下).

따라서 해인삼매는 일체의 망념을 여의고 마음이 맑고 고요한 일진여一眞如의 세계로 표현되고 있다. 그러나 이 경우에 해인삼매가 단순히 선정을 의미하는 것은 아니다. 왜냐하면 자성청정원명체를 소의로 하고 있는 점에서도 분명하기 때문이다. 그러므로 법성진여해가 그대로 해인삼매가 되는 해석도 가능한 것이다. 그것은 종교적인 체험으로서의 진실, 즉 구경의 근본적 직관의 세계는 말로써 표현할 수 없기 때문이다. 그렇다고 해도 이러한 직관의 세계가 설해지지 않는다면 이타의 보살행도 기대할 수가 없게 되는데, 그런 의미에서 화엄삼매가 다음과 같이 설해지는 것이다.

법계원명자재용法界圓明自在用, 이를 화엄삼매라 한다. 널리 만행을 닦아 이치에 맞추어 덕을 이루면〔廣修萬行 稱理成德〕 모든 법계에 두루하여 보리를 증득한다〔普周法界 而證菩提〕.[46]

여기서는 여러 가지 수행을 하면 자연히 본래 갖추어져 있는 이성이 드러나 본연의 모습을 이룬다는 것이다. 거기서 자신의 마음이 널리 법계에 두루하면 깨달음이 열린다고 한다. '광수만행 칭리성덕廣修萬行 稱理成德'이 이사무애법계의 세계라면 '보주법계 이증보리普周法界 而證菩提'는 사사무애의 법계이다. 따라서 이사무애에서 사사무애로 전환해가는 것이 화엄삼매라 정의되고 있는 것이다.[47]

---

46 『망진환원관』(『대정장』 45, p.637下) "二者法界圓明自在用 是華嚴三昧也 謂廣修萬行稱理成德 普周法界而證菩提"

47 鎌田茂雄, 앞의 논문, p.377.

190

이러한 두 작용을 실천적으로 나타내 보인 것이 삼변三遍이다. 삼변
이 다 일체를 관하는 것이지만, 특히 일진함용공유변一塵含容空有遍에
서 대지大智와 대비大悲의 입장이 설명된다.

색이 곧 공임을 관하여 대지大智를 이루어도 생사에 주하지 않으며,
공이 곧 색임을 관하여 대비大悲를 성취하여도 열반에 머물지 않는
다. 색과 공이 둘이 아니고 비悲와 지智가 다르지 않기 때문에 바로
진실관이다.[48]

라고 한다. 다시 말해서 색즉공色卽空, 즉 생사로부터 열반에, 묘유妙有
로부터 진공眞空의 방향으로 관하여 대지혜의 세계가 되고, 반대로
공즉색空卽色, 즉 진제眞諦로부터 속제俗諦로, 진공으로부터 묘유로의
전개라면 대비의 세계가 된다. 더구나 이 대지와 대비는 전혀 다른
것이 아니라 불이상즉不二相卽한 관계에서 바로 진실한 관이 된다고
한다. 말하자면 해인삼매는 대지大智, 화엄삼매는 대비大悲로서 결국
대지로부터 대비를 향한 입장 전환이 있어야 한다는 것이다.
　다음 사덕을 행하는 가운데 위덕주지유즉덕威德住持有則德에서[49]는
『화엄경』과 『범망경』 및 『기신론』 등의 전거를 들어 계의 필요성을
강조하고 있다. 출가와 재가를 구분하여 전자에서는 엄격한 계율을
요구하지만, 후자에게는 오계를 수지하도록 권하고 있다.

---

48 『망진환원관』(『대정장』 45, p.638中) "觀色卽空成大智而不住生死 觀空卽色成大
　悲而不住涅槃 以色空無二 悲智不殊 方爲眞實也"
49 상동(『대정장』 45, pp.638中~639上).

다음 지관문에 대해서는 오지五止와 육관六觀으로써 실천의 구체적
인 방법을 제시하고 있는데, 먼저 오지에서 말하는 지관의 법으로서
진제의 법은 본래 공적하고 속제의 법은 사유즉공似有卽空한 것이라
한다.[50] 이처럼 본성이 공적한 것이어서 만법이 수연하여 일어나는
것을 성기性起라 하며, 그 성기는 어디까지나 불기不起의 기起라고
하는 점에 『망진환원관』의 사상적 배경으로서의 성기관이 잘 나타나
있다.[51]

그런데 육관六觀에서 가장 중심을 이루고 있는 것은 삼계유심三界唯
心의 입장인 '섭경귀심진공관攝境歸心眞空觀'이다. 그것은 대상을 포섭
하여 일심으로 돌아가 이理에서 진공을 관하는 것인데 다음과 같이
설명되고 있다.

마음에 의해 대상을 나타내고 대상에 의해 마음을 나타내지만,
마음은 대상에 이르지 않으며 대상은 마음에 들어가지 않는다.
마땅히 이 관을 지으면 지혜가 매우 깊기 때문에 섭경귀심진공관이
라 한다.[52]

여기서 마음과 대상은 구별되고 대립되어 있지만, 유심의 입장에서

50 상동(『대정장』45, p.639中下).

51 石橋眞誠, 「法藏の華嚴事狀と華嚴觀」(『(坪井俊映博士頌壽記念)佛敎文化論攷』,
京都: 佛敎大學, 1984), p.823. 법장의 성기관에 대해서는 졸고, 「中國華嚴敎學의
性起思想硏究」(『佛敎學報』30, 1993), pp.241~261 참조.

52 『망진환원관』(『대정장』45, p.640上) "由心現境由境現心 心不至境境不入心 當作
此觀智慧甚深 故曰攝境歸心眞空觀也"

는 마음과 대상이 대립한 그대로 융회하게 되고 거기서 바로 원융무애한 세계가 열린다는 것이다. 단지 이러한 사사무애법계를 나타내기 위해서는 지관의 실천에 의해 관문에 오입悟入하지 않으면 안 된다. 그러한 과정을 선재동자의 구도기로부터 찾는 점에서 『망진환원관』의 실천적 체계를 볼 수 있다.[53]

이상에서 법장의 저술, 특히 관법에 관한 저서를 통하여 실천체계로서의 관법의 내용을 살펴보았다. 그 결과 법장의 교학체계는 단순히 이론적인 측면만을 추구하는 것이 아니었다는 점과 동시에 그러한 점이 바로 법장의 실천적 면모를 밝혀 주는 기준이기도 하다.

다시 말해서 법장의 오교십종五敎十宗을 판석하고 사사무애를 내용으로 하는 별교일승을 원교로 한정한 것도 실은 다 화엄관법을 밝히기 위한 것이었다. 왜냐하면 그것은 보현행으로서 전개되는 교판인 것이며 보현행 이외에 따로 비로자나불은 있을 수 없기 때문이다.[54] 더구나 그의 교학체계가 해인삼매라고 하는 깊은 선정체험에 근거하고 있을 뿐만 아니라 대지가 대비의 화엄삼매로 전환하는 관법에 기초하고 있는 점도 간과되어서는 안 될 것이다.

그런 의미에서 『유심법계기遊心法界記』에서

53 鎌田茂雄, 「妄盡還源觀の思想史的意義」(『中國佛敎思想史硏究』, 東京: 春秋社, 1969), p.375.
54 鍵主良敬, 「敎判論への一視點」(『(人物 中國の佛敎) 法藏』, 東京: 大藏出版, 1991), p.128.

(관)문에 의해 교를 말하고, 교는 (관)문에 입각하여 다르지 않다.[55]

고 말하는 것에서도 엿볼 수 있듯이, 법장은 단순히 학문불교만을 지향한 것이 아니라 관법의 수행도 중시한, 말하자면 교상이 그대로 관법의 입장임을 잘 나타내고 있다.

또한 법장과 같은 시대를 살다 간 염조은閻朝隱이 법장의 비문을 쓰면서

법사는 분소糞掃를 옷으로 하고 선열禪悅을 밥으로 삼아 전후로 『화엄경』 30여 회를 강講하시다.[56]

라고 표현한 것도 다 그 맥락을 같이하는 것으로 보아도 좋을 것이다.

2. 법장의 일승사상

불타의 불설은 중생들을 제도하기 위해 여러 가지 방편으로 설했을 뿐, 사실상 그 가르침은 한 가지가 있을 뿐이다. 그것은 어떠한 중생도 모두 평등하게 성불할 수 있다고 주장하는 것으로, 바로 일승사상一乘思想이다.

그러나 화엄교학에서는 이에 만족하지 않고 화엄은 별교일승임을

55 『유심법계기』(『대정장』 45, p.642下) "據門陳教 教卽門而不殊"
56 『강장법사지비』(『대정장』 50, 280中) "法師糞掃其衣禪悅其食 前後講華嚴經 三十餘遍"

194

주장하고 있다. 다시 말해서 단지 일승이라고만 한다면 삼승에 대한
상대적인 일승이 되어 대립적인 것으로 되지만, 그러한 입장을 지양하
여 절대적인 입장을 나타낸 것이 바로 별교일승인 것이다.

이러한 별교일승을 자신의 기본적 사상으로 삼고 거기에다 불타의
모든 가르침을 체계화시킨 이가 중국 화엄교학의 대성자이며, 화엄종
제3조인 현수법장이다.

따라서 법장의 일승사상을 통해 화엄교학을 파악하여 그 독자성을
밝힘으로써 화엄이 단지 철학적 이론에 그치는 것이 아니라 오히려
현실 긍정적 사상임을 논증할 수가 있다.

법장이 화엄을 별교일승이라고 함으로써 무엇을 주장하려고 했는가
를 살피려면 무엇보다도『오교장』에 의거하는 것이 가장 타당할 것이
다. 왜냐하면『오교장』은 법장이 화엄교학에 대한 자신의 기본적
입장을 밝힌 최초의 저술일 뿐만 아니라,『오교장』의 여러 제목 가운데
하나인『화엄일승교분기華嚴一乘教分記』에서도 알 수 있듯이 바로 일
승을 가장 체계적이고 논리적으로 설명한 것이기 때문이다. 따라서
본 절에서는『오교장』을 중심으로 법장의 일승사상을 고찰한다.

1)『오교장』의 일승사상
(1) 별교일승

『오교장五教章』은 일승교의를 십문十門으로 나누어 설명하고 있지만,
크게 본다면 일승을 '교教'의 입장에서 논술한 건립일승建立一乘과
'의義'의 입장에서 논한 의리분제義理分齊로 나눌 수 있다.[57]

그럼 먼저 건립일승을 고찰하기에 앞서『오교장』이 그 기본적 입장

을 어떻게 표현하고 있는가를 살펴보자.『오교장』은 그 첫머리에서

> 지금 석가여래의 해인삼매 일승교의를 설명하기 위해 대략 십문으
> 로 하겠다.[58]

라고 하여, 여기에서 밝히겠다는 일승교의는 어디까지나 석가여래가
해인삼매에서 체험한 교설로서의 일승임을 명백히 하고 있다. 말하자
면 일반적으로 말하는 일승이 아닌 근원적인 일승이라는 주장이다.
왜냐하면 근본정根本定인 해인삼매의 내용으로서의 일승이기 때문인
것이다. 따라서 석가여래의 참된 법문은 바로 화엄이라고 함으로써
『오교장』이 지니는 기본적 입장과 화엄교학의 전체적 구조를 밝히고
있는 것이다.

  여기서 특히 주목해야 할 것은 법장의 화엄교학이 해인삼매를 토대로
하여 교리를 형성하고 있는 점이다. 원래『화엄경』은 일대법신一大法身
·십신사나불十身舍那佛이 해인삼매에 입정하여 거기서 설한 것이라고
한다.[59] 따라서『화엄경』은 제2회를 제외하고는 각각의 회會마다 삼매[60]
가 있으며 총괄적인 삼매가 바로 해인삼매이다. 때문에 화엄의 법문을
'해인삼매일시병현海印三昧一時炳現의 법문'이라고 하는 것이다.

---

57 小林實玄,「法藏の一乘敎義の論成について」(『龍谷大學論集』400, 1973), p.459.
58 『오교장』1(『대정장』45, p.477上) "今將開釋如來海印三昧一乘敎義略作十門"
59 鎌田茂雄,「海印三昧について」(『駒澤大學佛敎學部硏究紀要』24, 1966), p.35.
60 제1회(一切如來淨嚴三昧), 제2회(입정삼매가 없음), 제3회(菩薩無量方便三昧),
    제4회(善伏三昧), 제5회(明智三昧), 제6회(大智慧光明三昧), 제7회(佛華嚴三昧),
    제8회(如來師子奮迅三昧).

196

그러면 다른 대승경전에서는 해인삼매를 어떻게 설하고 있는가를 살펴보자. 해인삼매의 명칭이 제일 먼저 보이는 『대반야경大般若經』에서는

무엇을 이름하여 제법이 똑같이 해인삼마지海印三摩地에 든다고 하는가. 만약 이 삼마지에 주한다면 모든 선정이 다 대해인大海印처럼 취입趣入하여 뭇 흐름을 다 섭수하기 때문에 이름하여 모든 법이 평등하게 취입하는 해인삼마지라 한다.[61]

라고 하였다. 즉 모든 삼매 가운데 가장 근본적인 삼매이기 때문에 일체의 삼매가 귀입歸入한다는 것이다.

이외에 『대보적경大寶積經』에서도 "무상정등각無上正等覺을 얻기 위해서는 해인삼매에 주하지 않으면 안 된다"[62]는 것을 설하고 있으며, 또한 『대집경大集經』에서는 "대해大海 가운데 인상印象과 같은 삼매이기 때문에 해인삼매라 한다"[63]고 설하기도 한다.

그러나 이러한 해인삼매에 근거하여, 여기에다 화엄교학의 중요한 가치를 부여한 이는 역시 법장이다. 물론 법장이 지엄의 교학을 계승 발전시킨 점에서 본다면 지엄의 『공목장孔目章』을 간과할 수가 없다. 왜냐하면 『공목장』의 찬술시기를 전후로 하여 법장이 지엄에게 출가

61 『대정장』 7, p.75上. "云何名爲諸法等趣海印三摩地 謂若住此三摩地時 令諸勝定等 皆趣入 如大海印攝受衆流 是故名爲諸法等趣海印三摩地"
62 『대정장』 11, p.139上中.
63 『대정장』 13, p.106下.

한 것을 미루어 볼 때 법장의 교학, 그중에서도『오교장』은『공목장』의
계승 내지는 상당한 영향 아래 출발했다고 볼 수 있기 때문이다.

그러면 지엄은 해인삼매를 어떻게 풀이하고 있는가를 보자.

> 일승동별一乘同別의 교의는 해인정海印定에 의해 일어나는데 그것은
> 보안(보현보살)의 소지所知이다. 삼승의 교의는 불佛의 후득법주지
> 後得法住智에 의하여 설한다.[64]

이와 같이 일승과 삼승이 근본적으로 다른 것은 바로 일승이 해인삼
매의 내용이기 때문이라고 하였다. 이것이 앞서 언급한『오교장』의
첫머리 내용과 일치하고 있는 점이 주목된다.

또한 법장의 해인삼매에 대한『유심법계기遊心法界記』의 설명을
보면

> 삼매란 이지무이理智無二로서 교철용융交徹鎔融한 것이며, 피차彼此
> 를 다 잊어버리고 능소能所를 바로 초월하기 때문에 삼매라고 한다.[65]

고 하여, 이理와 지智가 둘이 아닌 하나인 것을 삼매라 정의하고 있으며
해인에 관해서는 다음과 같이 설하고 있다.

---

64 『공목장』 4(『대정장』 45, p.586中) "一乘同別教義 依海印定起 普眼所知 三乘教義
依佛後得法住智說"
65 『유심법계기』(『대정장』 45, p.646中) "三昧者理智無二交徹鎔融 彼此俱亡能所斯
絶 故云三昧也"

해인이란 비유로써 이름한 것이다. 수라修羅의 사병四兵이 공중에서 열재列在하면 대해에서 그 상을 인현印現하는 것과 같이 보살의 정심定心 역시 대해와 같다. 근기根機에 따라 차이를 나타내 보이는 것이 마치 사병의 상과 같기 때문이다.[66]

법장은 이와 같이 보살의 정심定心을 해인삼매로 보고 있다. 대해가 일체의 모든 것을 있는 그대로 현현하여 모습에 따라 상을 나타내듯이, 우리 중생의 마음속에 그칠 사이가 없는 무명의 바람을 재우고 일단 한번 정심을 얻으면 상황에 구애받지 않고 미혹되지 않는다는 것이다.

이상으로 화엄교학에 있어서 해인삼매의 위치와 그 사상내용을 알아보았다.

그런데『오교장』은 이러한 해인삼매의 내용으로서 일승의 범주를 둘로 나누고 있다. 먼저 평등법문의 가르침을 별교일승別敎一乘이라 하고, 차별법문을 설한 것을 동교일승同敎一乘이라고 규정한다. 그러나 논리적인 전개로 보아 순서를 정하자면 동교를 설명한 후에 별교를 밝혀야 그 독자성이 더욱 드러나겠지만 여기서는『오교장』의 순서에 따르기로 하겠다.

원래 별교일승은 불타의 깨달음 그 자체이므로 설할 수가 없으나 보현보살을 통하여 말로써 표현할 뿐이다. 즉 구경적·절대적인 경계라고 하여 전혀 표현되지 못한다면 중생에게는 무의미한 것이 될 뿐이므로 보현의 경계, 즉 언어의 세계가 필요하게 되는 것이지만

66『탐현기』4(『대정장』35, p.189上) "海印者從喻爲名 如修羅四兵列在空中於大海內 印現其像 菩薩定心猶如大海 應機現異如彼兵像故"

결국은 물과 파도와 같이 둘이 아닌 하나인 것이다.

먼저 일승이 삼승과의 대립을 초월하여 오직 절대적인 일승임을
나타내는 면인 분상문分相門의 설명을 보면

이 별교일승은 삼승과는 다른 것이다. 예를 들면 『법화경』에서는
집안에서 주겠다고 약속한 문밖의 삼거三車로 인해 여러 자식들이
무사히 나올 수 있었지만 그것은 방편인 삼승의 가르침이다. 그리고
삼계 밖의 노지에서 뜻밖에 받은 대백우거大白牛車는 진실한 일승의
가르침이다.[67]

라고 하여, 『법화경』 장자화택長者火宅의 비유를 지적하여 삼승과
일승의 차이를 논하고 있다. 이어서 열 가지 근거를 들어 그 차이를
밝히는데 앞의 여섯[68]은 『법화경』에 의거하고, 다음의 셋[69]은 『화엄경』,
마지막 하나[70]는 『대승동성경大乘同性經』에 의해 논증하고 있으나,
모두 일승교가 삼승교보다 뛰어난 점을 들고 있다.

다음은 일승이 삼승을 포섭함으로써 양자의 대립관계가 지양되는
면인 해섭문該攝門을 어떻게 설하고 있는가를 보자.

일체 삼승 등의 법은 본래부터 다 일승법이다. 왜냐하면 삼승은

---

67 『오교장』 1(『대정장』 45, p.477上) "此則別教一乘別於三乘 如法華中宅內所指門外
三車誘引諸子令得出者 是三乘教也 界外露地所授牛車是一乘教也"

68 權實差別·教義差別·所期差別·德量差別·約寄位差別·付屬差別.

69 根緣受者差別·難信易信差別·約機顯理差別.

70 本末開合差別.

일승에 대비하여 말하면 단지 2문이 있다는 것인데, 즉 다르지 않다는 것과 동일하지 않다는 것의 둘이다.[71]

이와 같이 삼승은 본래 일승이라는 것이다. 그러나 여기서 다르지 않다는 불이不異에도 삼즉일三卽一과 일즉삼一卽三의 두 경우가 있는데, 전자는 별교의 입장이고 후자는 동교의 입장을 나타내는 것이다. 그러나 이처럼 일승에 동별이교同別二敎가 있다고 하면서도 다음과 같이 원교인『화엄경』이 별교일승이라고 한정시키고 있다.

부처님의 가르침은 천차만별이지만 요약하면 다만 다섯 종류가 있다. 첫째는 소승교小乘敎, 둘째는 대승시교大乘始敎, 셋째는 종교終敎, 넷째는 돈교頓敎, 다섯째는 원교圓敎다. 그중에서 처음의 소승교는 우법이승교愚法二乘敎이고 마지막의 원교는 별교일승別敎一乘이다.[72]

여기서 한 가지 주목해야 할 점은 남북조시대의 교판론에서는『화엄경』을 주로 돈교로 규정하는 경향[73]이 지배적이었음에도 지엄은『수현

71 『오교장』1(『대정장』45, p.478中) "一切三乘等 本來悉是彼一乘法 何以故 以三乘望一乘有二門故 謂不異不一也"

72 상동(『대정장』45, p.481中) "聖敎萬差要唯有五 一小乘敎 二大乘始敎 三終敎 四頓敎 五圓敎 初一卽愚法二乘敎 後一卽別敎一乘"

73 木村清孝,『初期中國華嚴思想の硏究』(東京: 春秋社, 1977), pp.75~81에는 지엄 이전의 교판과『화엄경』에 대한 교판론이 면밀히 고찰되어 있다. 이것에 의하면 처음으로『화엄경』을 돈교라 규정한 것은 구마라집 문하인 慧觀의 頓漸二敎를

기搜玄記』[74]에서 『화엄경』을 돈교이자 원교라고 규정하고 있다는 점이다. 그것은 지론종 남도파 혜광(慧光, 468~537)의 삼교판에 영향[75]을 입은 것은 말할 것도 없다. 그러나 화엄의 후일일승後一乘의 입장에서 보면 돈교는 삼승에 해당하므로 원교인 화엄의 입장이 불분명하다고 하지 않을 수 없다. 그러나 법장은 이 절대적 돈·원교에 명확한 구분을 짓고 지엄의 동별이교를 계승하면서도[76] 화엄을 원교로 한정시켜 별교일승이라고 규정한 것은 실로 법장의 탁월한 견해라 아니할 수 없다.

그러면 법장이 화엄을 별교일승이라고 주장한 의도가 어디에 있는가를 파악하기 위해서는 시대적 배경을 고려해볼 필요가 있다. 법장이 활약하기 직전의 장안 불교계는 인도에서 유학하고 돌아온 현장(玄奘, 600~664)에 의해 유가유식 관계의 전적이 번역되면서 신·구역의 문제가 대두되었다. 그런데 스승인 지엄은 물론이고 법장 자신이 교학적 근거로 삼고 있던 『육십화엄』도 소위 구역에 속하는 것이었다.

비롯하여 慧光의 頓漸圓三敎, 眞諦의 頓漸二敎, 慧遠의 局漸頓三敎, 智顗의 頓漸不定三敎 등이다.

74 『대정장』 35, p.14中 "此經卽頓及圓二敎攝"

75 『화엄경전기』 2(『대정장』 51, p.159中) "有疏四卷 立頓漸圓三敎 以判群典 以華嚴爲圓敎 自其始也"

76 同別二敎는 智儼으로부터 성립되어 法藏이 확립시켰다는 것이 종래의 설이었는데 吉津宜英, 「華嚴同別一乘の成立と展開」(『佛敎學』 27, 1989), pp.25~47에서 반론을 제시하고 있다. 즉 법장은 지엄의 同別二敎와는 다르게 전개했다고 주장하고 있다. 따라서 지엄의 同別二敎는 평등대등한 위치임에 비하여, 법장의 경우는 압도적으로 別敎一乘에 우위성을 부여한다는 것이다. 또한 그 의도가 유식교학에 대한 대응보다도 오히려 『법화경』의 일승대승에 대한 비판에 있었다는 것이다.

또한 중국불교는 교판불교라고도 할 만큼 교판의 비중이 높았는데, 특히 남북조 이후 불교교학의 형성과 교단의 성립조건으로서 교판이 중요시되면서 교단의 권위는 무엇보다도 교판론의 체제에 좌우되는 경향이 강하였다. 그러한 상황 속에서 법상종은 이미 삼법륜三法輪이라는 교판을 정립하고 있었던 것이다.

이러한 시대적 배경을 염두에 두고 동별이교의 구체적 전개로서의 오교판을 분석해 보면, 법장이 천태·삼론·법상과 같은 선행하는 여러 교학들 중에서도 특히 법상유식을 의식하는 면을 발견할 수 있게 된다. 그것은 오교판에서 유식교학을 대승시교로 규정하고 있음과 동시에 다음과 같이 비판하고 있는 것에서도 엿볼 수 있다.

이 삼법륜에서는 단지 소승 및 삼승 가운데 시교와 종교의 이교만을 설할 뿐 별교일승을 섭攝하지 않는다. 왜냐하면『화엄경』은 초기의 설법이긴 하지만 그 내용이 소승이 아니기 때문이며,『지법론持法論』은 후기의 실법이시만 그 내용이 화엄이 아니기 때문이다. 그러므로 화엄법문을 섭하지 않는다.[77]

말하자면 삼법륜에는 별교일승인 화엄법문이 소속할 곳이 없다고 함으로써『화엄경』의 우월성을 강조하고 있다.

그러나 법장은 오교판에서 대승시교로 규정한 법상유식을 십종판+

---

[77]『오교장』1(『대정장』45, p.481上) "此三法輪中 但說小乘及三乘中始終二教 不攝別教一乘 何以故 以華嚴經在初時說 非是小乘故 彼持法輪在後時說 非是華嚴故 是故不攝華嚴法門也"

宗判에서는 다시 종교에 넣고 있는데 그 모순된[78] 점을 『탐현기』에서 해결하고 있다. 왜냐하면 『탐현기』의 시·종교에 대한 규정 설명이 『오교장』과 다르기 때문이다. 다시 말해 『탐현기』에서는 현장의 삼시교를 예로 들어 설명하고 있는데, 즉 제2조법륜照法輪과 제3지법륜持法輪은 둘 다 오성각별설五姓各別說이므로 아직 대승의 법리를 다하지 못한 것이기 때문에 대승시교에 속한다고 하는 반면, 무성無性의 일천제一闡提까지도 성불할 수 있다는 가르침을 종교라 한다고 규정하고 있다.[79] 이러한 규정의 차이는 『오교장』이 공·불공에 근거를 둔 반면, 『탐현기』는 성불·불성불의 기준으로 시·종교를 규정하기 때문인 것

---

78 【五教】

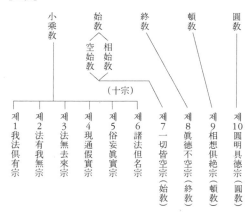

여기서 十宗判의 내용을 보면 제7은 空教이고 제8은 不空, 즉 唯識教學임을 알수 있다. 그러나 五教의 시점에서 본다면 제8은 終教에 속하므로 결국은 모순되고 있다.

79 『탐현기』 1(『대정장』 35, p.115下) "二始教者 以深密經中第二第三時教 同許定性二乘俱不成佛故 今合之總爲一教此旣未盡大乘法理 是故立爲大乘始教 三終教者 定性二乘無性闡提悉當成佛 方盡大乘至極之說 立爲終教"

204

으로 해석된다.

(2) 동교일승

우선 동교일승同敎一乘을 고찰하기에 앞서 삼승과 일승의 일반적인
개념에 대해 잠시 언급하기로 하겠다.

　먼저 삼승이란 대승의 입장에서 수행자를 성문·연각·보살의 세
종류로 구별한 것이다. 따라서 그들이 각기 배우는 가르침을 성문승·
연각승·보살승이라고 하며, 앞의 둘을 합하여 이승이라 하고 전체를
삼승이라고 한다. 성문은 범어 śrāvaka의 역어로서 부처님의 가르침을
직접 들어서 깨닫는 사람이라는 뜻이다. 연각은 pratyekabuddha의
역어로서 연기를 관찰하여 깨닫는 사람인데, 스승 없이 혼자서 수행하
여 깨닫기 때문에 독각이라고도 한다. 보살은 bodhisattva의 음사어인
보리살타菩提薩陀의 약칭으로서 각유정覺有情 혹은 대사大士라고도
의역되며, 생명 있는 모든 것을 구제하고자 하는 크나큰 이타심을
일으켜 노력하는 대승의 수행자를 말한다.

　그러나 이러한 삼승의 구별은 서로를 비판하거나 상대를 비방함으
로써 자신의 입장을 정당화하려는 대립적인 것이 될 위험성이 내포되
어 있다. 따라서 그러한 삼승의 대립을 지양하기 위해 설해진 것이
바로 일승의 가르침이다.

　일승은 일불승一佛乘이라고도 표현되는데, 불승佛乘은 불타의 가르
침이 아니라, 불타가 되기 위한 가르침이라는 것이다.[80] 왜냐하면

---

80 平川彰,「法華經における一乘の意味」(『法華經の成立と展開: 法華經研究 3』, 京都:
　　平樂寺書店, 1970), p.576.

불설이라는 점에서는 성문승도 마찬가지로 불타의 가르침이기 때문이다. 따라서 불승은 성불하기 위한 가르침의 의미여야 할 것이다. 그러면 '일'의 의미는 어떻게 이해되고 있는가를 보면 고래로 '유일'의 의미로 해석되고 있다. 그것은 『법화경』에서 다음과 같이 설하고 있는 것이 그 근거가 되고 있다.

> 시방 불토 중에는 오직 일승—乘의 법만 있을 뿐, 이승도 없고 삼승도 없다.[81]

여기서 오직 일승의 가르침만이 있다고 하는 것은 말하자면 일승진실을 뜻하기도 하는데, 여기에서 소위 삼거가三車家와 사거가四車家의 문제가 전개된다. 전자의 삼거가는 양거羊車·녹거鹿車·우거牛車 속의 우거가 바로 대백우거大白牛車라고 하여 결국 삼승은 진실, 일승은 방편이라고 주장하는 것이다. 이렇게 주장한 이는 양조梁朝의 장엄莊嚴과 개선開善을 비롯하여 삼론종의 길장(吉藏, 549~623)과 법상종의 자은(慈恩, 623~682) 등이다. 후자의 사거가는 삼거 이외에 따로 대백우거가 있다는 주장인데, 다시 말하면 성문승·연각승·보살승 이외에 따로이 일불승의 가르침이 있다고 하여 삼승은 방편, 일승은 진실이라고 하는 것이다. 이것을 처음 제창한 이는 양조의 광택사光宅寺 법운(法雲, 467~529)이며, 그 후 천태지의(天台智顗, 538~597)와 법장 등도 이를 주장한다.

---

81 『대정장』 9, p.8上 "十方佛土中 唯有一乘法 無二亦無三"

다만 여기서 주의해야 할 점은 삼승 속의 보살승도 성불을 위한 가르침인 점에서는 대승인 일승과 동일하다는 것이다. 그러나 삼승 속의 보살승은 성문·연각승을 그 속에 포함하지 않는 가르침인 반면, 일승은 그 모두를 포용하는 가르침인 것이다. 이러한 일승의 기원이 대승경전에 있는 것은 물론이거니와 그 용례[82]도 또한 적지 않다. 그리하여 삼승의 근원으로서의 일승과, 일승은 어떻게 삼승을 포용하고 있는가 하는 측면에서 파악한 것이 바로 법장의 일승사상이다. 전자가 별교일승이고 후자가 동교일승인 것이다.

그러면 『오교장』의 동교일승은 어떻게 설명되고 있는가를 살펴보자. 전술한 별교일승과 마찬가지로 두 측면에서 설명된다. 하나는 일승과 삼승의 구별이 분명하여 차별되는 입장인 분제승分諸乘이고, 또 하나는 방편인 삼승의 가르침이 일승이라고 하는 진실한 가르침에 귀입歸入하는 것, 즉 근본인 일승에 지말枝末인 삼승이 융회하는 입장인 융본말融本末이다.

또한 이러한 가르침을 구별하는 가운데 일승을 일곱 가지 관점에서 밝혔다. 그리고 이승·삼승·사승·오승에도 세 종류가 있다고 하며, 여섯 번째 무량승無量乘을 화엄경 「입법계품」에 근거하여 일체법문이라고 말하고 있지만, 결국은 삼승과 일승의 다른 점을 논한 것이다.

그러나 본말本末이 융회하는 동교적 입장에서는 여러 가르침이 서로 융회하여 아무런 구별도 없이 동일한 세계를 이룬다고 하였으며, 이것을 다음과 같이 두 가지로 설명하고 있다.

---

82 『방광반야경』 2(『대정장』 8, p.8中, p.85下), 『광찬경』 5(『대정장』 8, p.180), 『육십화엄경』 4(『대정장』 9, p.420中, p.429中, p.555下).

첫째는 민권귀실문泯權歸實門인데, 즉 일승의 가르침이다. 둘째는
남실성권문攬實成權門인데, 즉 삼승의 가르침이다. 전자는 방편적
가르침을 부정하지 않으면서 그것을 없애버리면 삼승이 그대로
일승이며, 따라서 삼승을 방해하지 않는다. 후자는 진실한 가르침을
여의지 않으면서도 동시에 방편적 가르침이 성립되기 때문에 일승
이 그대로 삼승이며, 또한 일승을 방해하지 않는다. 그렇기 때문에
일승과 삼승은 서로 융합·포섭하여 본체상으로는 아무런 구별도
없다.[83]

이처럼 삼승과 일승은 상으로서는 같지 않지만 체에 있어서는 둘이
아니라는 것이다. 따라서 삼즉일三卽一은 존립과 붕괴의 양면을 갖추
고 있지만 삼승은 끝내 소멸하는 반면, 일즉삼一卽三은 은폐와 현현의
양면을 갖추고 있으나 일승은 영원히 소멸하지 않는다고 한 것이다.
   이상으로 일승을 교의 입장에서 논술한 건립일승建立一乘의 설명을
마치며, 끝으로 그 조직구성의 도표를 참고로 제시한다.

83 『오교장』 1(『대정장』 45, p.479下) "一泯權歸實門 卽一乘敎也 二攬實成權門 則三乘
   敎等也 初則不壞權而卽泯故 三乘卽一乘而不礙三 後則不異實而卽權故 一乘卽三
   乘而不礙一 是故一三融攝體無二也"

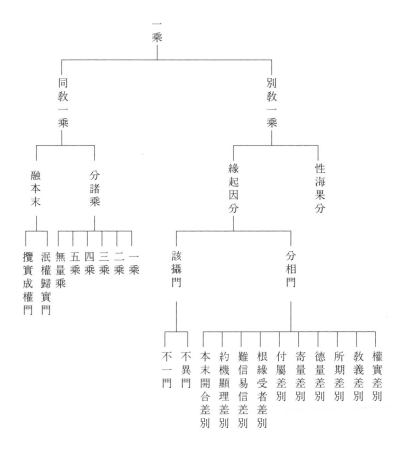

2) 무진연기로서의 일승

여기에서는 법장이 일승의 의(義, 義理)를 어떻게 설명하였는가를 살펴
보기로 한다.

앞서 고찰한 별교와 동교가 일승임에는 틀림이 없으나 별교가 무진
의無盡義를 설하는 반면 동교는 일상의一相義를 설하고 있다. 다시
말하면 별교일승의 내용이 바로 무진연기無盡緣起이며, 또한 그것은
형이상학적인 것이 아니라 모든 현상을 있는 그대로 받아들이는 철저

한 현실긍정의 일승사상인 것이다.

(1) 십현연기

화엄교학의 궁극적 목표가 일체제법이 원융무애한 사사무애에 있다는
것은 주지의 사실이다. 이와 같은 사사무애의 내용을 명시한 것이
바로 십현연기十玄緣起이며, 이것은 원교, 즉 별교일승으로서의 무진
연기를 구체적으로 밝힌 것이다.

여기서 현학적 설명이 아닌 비근한 예를 들어 사사무애를 이해해두
고자 한다. 보편적 진리를 이理라고 하고 차별적 현상은 사事라고
한다. 따라서 그 사와 사의 무애라고 하는 것은 차별적인 현상과
현상이 만나 서로 걸림이 없는 것을 말하는 것이다. 마치 어떤 합창이
완전화음을 이루기 위해서는 소프라노와 알토 등이 각각 자기의 음을
정확히 내어 서로의 음정이 달라야만 하는 것과 같다. 만약 각각의
음정이 다른 음에 동화되어 부정확하게 발성을 한다면 불협화음이
되지만 반대로 제각기 자기의 음을 명확히 낸다면 오히려 화음의
세계가 이루어진다. 다시 말해 서로가 분명하게 다르다는 사실에서
바로 그대로 화음이 이루어지듯이, 전혀 다른 현상과 현상들이 서로
방해하지 않는 가운데 조화를 이루고 있는 것을 사사무애라고 한다.

이러한 사사무애를 설명하기 위해 법장은 먼저 십현소의十玄所依의
실체를 다음과 같이 열 가지로 나누어 제법이 무진함을 제시하고
있다.

① 교의(教義, 가르침과 뜻)

② 이사(理事, 眞理와 事象)

③ 해행(解行, 이해와 실천)

④ 인과(因果, 원인과 결과)

⑤ 인법(人法, 사람과 존재)

⑥ 분제경위(分齊境位, 구별된 범위와 존재의 영역과 경지)

⑦ 사제법지(師弟法智, 스승과 제자, 가르침과 지혜)

⑧ 주반의정(主伴依正, 중심적인 것과 수반하는 것, 환경과 주체)

⑨ 수생근욕시현(隨生根欲示現, 중생의 성질·능력과 욕망에 따라 나타나는 것)

⑩ 역순체용자재(逆順體用自在, 본질과 작용이 일정한 흐름에 순행·역행하여 자재로이 전개하는 것)

그러면 위의 십의가 어떻게 무진한 관계를 이루고 있는가를 십현문의 논리적 해석에 의해 고찰해 보겠다.

십현연기문의 총문이면서 제1문인 동시구족상응문同時具足相應門은 다음과 같이 설명된다.

이 앞의 십의가 동시에 서로 적응하여 하나의 연기를 성립시킨다. 거기에는 전후와 시종 등의 구별이 없이 일체를 구족하고 자재로이 순행·역행하여 교류하면서도 혼잡하지 않는 연기의 세계이다. 이 연기는 해인삼매를 근거로 하여 뚜렷이 동시에 나타나는 것이다.[84]

---

84 『오교장』 4(『대정장』 45, p.505上) "此上十義同時相應成一緣起 無有前後始終等別

여기서도 앞서 고찰한 일승의 교와 마찬가지로, 해인삼매에 의해 밝혀진 것이 바로 일승의 의의義라는 것이다. 그것은 연기의 극치를 이루는 무진연기가 일체의 대립과 모순을 동시에 초월하는 별교일승의 입장이기 때문이다. 그러므로 나머지 구문이 다 이 일문에 포함되기도 한다는 것이다.

그러나 십현문은 순서와 내용이 일정하지 않은데, 소위 고십현古十玄과 신십현新十玄의 문제이다. 고십현에는 『일승십현문一乘十玄門』·『오교장五敎章』·『금사자장金獅子章』·『문의강목文義綱目』 등이 속하며, 신십현에는 『탐현기探玄記』·『현담玄談』·『약책略策』·『원각경대소圓覺經大疏』 등이 속한다. 여기서는 법장의 『오교장』과 『탐현기』에 한하여 언급하고자 하는데, 그것은 양서兩書가 신·고십현의 발단이기도 하거니와 전술하였듯이 법장교학의 변화를 여기서 찾아볼 수가 있기 때문이다.

그런데 십현문의 기원에 관해서 징관 이후로는 『법계관문』의 주변 함용관에 두고[85] 있지만 『법계관문』은 그 자체가 찬자撰者의 문제 등이 의문시되고 있으므로 역시 지엄에게 의지하지 않을 수 없다. 그의 27세 때의 저술인 『탐현기』와 두순(杜順, 557~640)의 설을 지엄

具足一切自在逆順 參而不雜成緣起際 此依海印三昧 炳然同時顯現成矣"

[85] 『화엄법계현경』下(『대정장』 45, p.683上)에는 "是故十玄亦自此出"이라고 하여 十玄門에 해당시키고 있다. 그리고 십현문의 기원에 대해서는 石井公成, 「一乘十玄門の諸問題」(『佛敎學』 12, 山喜房佛書林, 1981)에서 초기의 저작이라 하는 것은 문제가 있다고 결론짓고 있다. 그러나 木村淸孝는 『初期中國華嚴思想の硏究』(東京: 春秋社, 1977), p.523에서 『搜玄記』와 비슷한 시기의 저작이라고 하는데, 『수현기』는 그의 27세 저술이므로 결국 초기에 지은 것이 된다.

이 찬술했다고 하는 『일승십현문一乘十玄門』을 보면, 전자는 십현의
설명이 전혀 없으나 명칭이 후자와 같다. 따라서 양서에 보이는 십현문
과 오교장의 십현문을 대조해 보면 다음과 같다.

일승십현문一乘十玄門	오교장五教章
1. 동시구족상응문同時具足相應門	1. 동시구족상응문同時具足相應門
2. 인다라망경계문因陀羅網境界門	2. 일다상용부동문一多相容不同門
3. 비밀은현구성문秘密隱顯俱成門	3. 제법상즉자재문諸法相卽自在門
4. 미세상용안립문微細相容安立門	4. 인다라미세경계문因陀羅微細境界門
5. 십세격법이성문十世隔法異成門	5. 미세상용안립문微細相容安立門
6. 제장순잡구덕문諸藏純雜具德門	6. 비밀은현구성문秘密隱顯俱成門
7. 일다상용부동문一多相容不同門	7. 제장순잡구덕문諸藏純雜具德門
8. 제법상즉자재문諸法相卽自在門	8. 십세격법이성문十世隔法異成門
9. 유심회전선성문唯心廻轉善成門	9. 유심회전선성문唯心廻轉善成門
10. 탁사현법생해문託事顯法生解門	10. 탁사현법생해문託事顯法生解門

이와 같이 이 둘 사이에서는 순서에 이동이 있을 뿐 명칭에는 별다른
변동이 보이지 않는다. 이것이 둘 다 고십현으로 불리는 이유의 하나일
것이다.

그러면 신·고십현의 발단이 된 두 책의 십현은 어떻게 다른가를
보자.

오교장五敎章	탐현기探玄記
1. 동시구족상응문同時具足相應門	1. 동시구족상응문同時具足相應門
2. 일다상용부동문一多相容不同門	2. 광협자재무애문廣狹自在無碍門
3. 제법상즉자재문諸法相卽自在門	3. 일다상용부동문一多相容不同門
4. 인다라미세경계문因陀羅微細境界門	4. 제법상즉자재문諸法相卽自在門
5. 미세상용안립문微細相容安立門	5. 비밀은현구성문秘密隱顯俱成門
6. 비밀은현구성문秘密隱顯俱成門	6. 미세상용안립문微細相容安立門
7. 제장순잡구덕문諸藏純雜具德門	7. 인다라망경계문因陀羅網境界門
8. 십세격법이성문十世隔法異成門	8. 탁사현법생해문託事顯法生解門
9. 유심회전선성문唯心廻轉善成門	9. 십세격법이성문十世隔法異成門
10. 탁사현법생해문託事顯法生解門	10. 주반원명구덕문主伴圓明具德門

이처럼 두 책은 순서의 이동은 물론이거니와 명칭 자체가 바뀌어져 있기도 하다. 그것은 『오교장』의 제7 제장순잡구덕문諸藏純雜具德門과 제9 유심회전선성문唯心廻轉善成門이 『탐현기』에서는 제2 광협자재무애문廣狹自在無碍門과 제10 주반원명구덕문主伴圓明具德門으로 대체되어 있다. 이렇게 바뀐 이유에 대한 징관의 설은 뒤로 미루고 우선 그 내용이 어떤 것인가를 알아보자.

먼저 전자에 대해서 살펴보자.

일곱째는 제장순잡구덕문諸藏純雜具德門인데 이것은 위에서 말한 여러 뜻이 순수한 것이기도 하고 또는 잡다한 것이기도 하다는 것이다. 예를 들어 앞의 사람과 법의 의미에 대해 말하면, 만약 사람이라는 시점에서 보면 일체가 모두 사람이니까 순수하다고 할 수 있으나, 또한 사람의 영역은 진리와 사상事象 등 일체 차별의

214

법을 포함하고 있으므로 잡다하기도 하다. … 이처럼 연기의 법이
법계에서 흥기하고 있으나 그 모습은 순잡이 자유롭게 어우러져
모든 것을 완전히 갖추고 있는 것이다.[86]

이와 같이 제장순잡구덕문은 이사무애에 통하기 때문에 이것을
『탐현기』에서는 사사무애를 밝히는 내용인 광협자재무애문으로 바꾸
었다고 한다. 왜냐하면, 넓다는 것과 좁다는 것은 사상에 대한 분석이
지, 진리에 있어서는 넓고 좁음이 있을 수 없기 때문이라고 징관은
그 이유[87]를 들고 있다.
다음은 유심회전선성문의 내용을 살펴보기로 하자.

아홉째는 유심회전선성문唯心廻轉善成門인데 이것은 위에서 말한
여러 뜻들이 오직 유일한 여래장자성청정심如來藏自性淸淨心의 회전
廻轉에 의해 성립되고 있다는 것을 나타낸다. 그것은 단지 성기의
구덕具德이기 때문에 삼승과 다를 뿐이다. 더욱이 일심 자체에도
열 가지 덕이 갖추어져 있다. 「성기품」에서 십심의 의미 등에 대해
설하고 있는 것은 바로 이것이며, 여기서 십을 설하는 이유는 무진인
것을 나타내려고 하기 때문이다. 일심은 바로 이처럼 자재로울
뿐만 아니라 다함이 없는 가지가지 덕을 갖추고 있다. 그러므로

---

86 『오교장』 4(『대정장』 45, p.506下) "第七諸藏純雜具德門 此上諸義或純或雜 如前人
法等 若以人門取者 卽一切皆人故名爲純 又卽此人門 具含理事等一切差別法故名
爲雜 … 如是繁興法界純雜自在 無不具足者矣"

87 『화엄경수소연의초』 10(『대정장』 36, p.75中) "一行爲純 萬行爲雜等 卽事事無礙義
若一理爲純 萬行爲雜 卽事理無礙. 恐濫事理無礙 所以改之"

위의 여러 뜻은 모두 이 마음의 자재로운 작용이며, 다시 그 밖에 다른 것이 없기 때문에 유심회전唯心廻轉이라고 이름하는 것이다.[88]

라고 하여, 여래장의 일심을 떠나서 따로 자성이 있는 것이 아니듯이, 마음 밖에 별도로 대상이 존재하는 것이 아니므로 유심이라 한다는 것이다.

그러나 『탐현기』에서 주반원명구덕문으로 대체한 것에 대한 징관의 설명을 보면,[89] 고십현의 유심회전선성문은 제법이 무애인 것을 밝히고는 있으나 무애의 상을 나타내지 않기 때문이라고 한다. 따라서 십현문은 현상의 개체와 개체 사이의 상즉인 사사무애를 나타내야 한다는 것이다.

이와 같이 고십현을 신십현으로 개변한 이유에 관해서는 오직 징관의 설이 있을 뿐이어서, 후대의 학자[90]들은 이 설을 비판하거나 찬동하거나 할 뿐, 따로이 근거 있는 정설이 확립되지 않고 있다. 그러므로

---

88 『오교장』4(『대정장』45, p.507上) "九者唯心廻轉善成門 此上諸義 唯是一如來藏 爲自性清淨心轉也 但性起具德故 異三乘耳 然一心亦具足十種德 如性起品中説十 心義等者 卽其事也 所以説十者 欲顯無盡故 如是自在具足無窮種種德耳 此上諸義 門 悉是此心自在作用 更無餘物名唯心轉等"

89 『연의초』10(『대정장』36, p.75中) "主伴一門至相所無 而有唯心廻轉善成門 今爲玄 門所以 故不立之 而列名次 亦異於彼"

90 鳳潭의 『오교장광진초』(『대정장』73, p.458中)에서 澄觀의 설을 비판하고 있으며, 그 후 普寂은 『오교장연비초』(『대정장』73, p.682上)에서 다시 鳳潭의 설을 찬동하고 있다. 그러나 石井教道는 『華嚴教學成立史』(京都: 平樂寺書店, 1964), p.399에서 鳳潭이 十玄의 改變 이유를 갑작스런 착상이라 한 것은 너무 가벼운 생각이라고 지적하고 있다.

필자는 이 문제에 대해 몇 가지를 정리해두고자 한다.

첫째, 『오교장』이 화엄교리를 밝힌 반면 『탐현기』는 『화엄경』의 주석서이므로 그 성격이 다르다는 점이다.

둘째, 전자가 법장 초기의 저술임에 비해 후자는 만년에 가까운 시기의 저술이므로 학문적 원숙도에 의한 견해의 차이가 있다는 점이다.

셋째, 후자가 일조삼장日照三藏의 전문傳聞 이후의 저술이라는 점 등을 들 수 있겠다. 특히 세 번째의 일조삼장이 전한 공유논쟁은 삼시교라는 교판적 시각에서의 논쟁이라는 점에 착안할 때, 일승이라는 불교 본래의 이념에 입각한 법장 자신의 입장을 분명히 밝힌 것이 아닐까 하고 생각된다.

이상으로 별교일승인 무진연기의 실상으로서 십현연기를 특히 신·고십현을 중심으로 고찰해 보았다. 따라서 십현문 하나하나의 설명은 지면관계상 생략하였지만, 앞에서도 언급했듯이 제1문이 바로 전체를 포함하는 총문으로서 십현문 모두는 단지 사사무애를 열 가지 입장에서 논술한 것에 불과하므로 어느 하나를 들어도 그 속에 나머지가 모두 다 같이 포함되는 원융무애한 관계임을 알 수 있는 것이다.

(2) 육상원융

앞서 고찰한 십현문은 각각 단독적으로 제법이 무진연기인 것을 밝히고 있는 반면에, 세 개의 반대 개념으로 이루어진 육상六相은 연기의 전반에 걸쳐 종합적으로 제법이 무애무진인 것을 설명하고 있다.

육상이라는 관념은 『화엄경』에서부터 발생된다. 『육십화엄』에는 '총상별상總相別相 유상무상有相無相 유성유괴有成有壞'[91]라 되어 있고,

『팔십화엄』에는 '총상별상總相別相 동상이상同相異相 성상괴상成相壞相'[92]이라고 하여 명칭은 나타나고 있으나 설명은 없다. 따라서 여기서 시사를 받았다고 생각되는 세친世親의 『십지경론十地經論』[93]이 육상의 논리를 전개하고는 있지만 초지의 해석에 한정시킨 감이 있다. 그 후 정영사淨影寺 혜원(慧遠, 523~592)이 "'체'의 뜻에 환원시켜보면 사상事象이 모두 무량한 육상문을 갖추었다"고 하여 이를 더욱 발전시켰고,[94] 그의 영향을 받은 지엄이 처음으로 육상에 순리順理와 순사順事의 두 뜻을 설하면서 사상에 육상을 적용하는 것의 타당성을 주장하였다.[95] 뿐만 아니라 또한 거기에 일승교학의 입장을 내포하고 있다. 따라서 지엄의 이러한 육상연기六相緣起를 교학적으로 대성시킨 법장은 이에 대하여 다음과 같이 설명하고 있다.

처음에 명칭을 열거하면, 즉 총상總相, 별상別相, 동상同相, 이상異相, 성상成相, 괴상壞相이다. 총상이란 하나가 많은 덕을 포함하고 있기 때문이며, 별상이란 많은 덕이 그대로 하나가 아니기 때문이며, 또한 개별은 총인 전체를 의지하여 전체를 이루고 있기 때문이다. 동상이란 많은 뜻이 서로 다르지 않으므로 똑같이 하나인 전체를 성립하기 때문이며, 이상이란 많은 뜻을 서로 대비하면 각각 다르기 때문이며, 성상이란 이 여러 뜻이 서로 연기하고 있기 때문이며,

91 『대정장』 9, p.545中.
92 『대정장』 10, p.181下.
93 『대정장』 26, pp.124下~125上 "一切所說十句中 皆有六種差別相門"
94 『대승의장』 3(『대정장』 44, p.524上).
95 『수현기』 3下(『대정장』 35, p.66中).

괴상이란 여러 뜻이 각기 본연의 자세를 지켜서 변동하지 않기 때문이다.[96]

이것을 집을 짓는 것에 비유하여 설명하면 총상總相은 집이고, 별상別相은 집을 구성하는 부분적인 것, 즉 서까래 등과 같은 것이다. 따라서 서까래, 기와, 돌 등이 서로 협력하여 하나의 집을 구성하는 동질성은 동상同相이지만 그 구성요소가 각기 다른 것임은 틀림없으므로 이상異相이다. 또한 그 구성요소가 각기 인연이 되어서 하나의 집을 이루고 있으므로 성상成相이며, 그 반면 어디까지나 서까래는 서까래, 기와는 기와, 돌은 돌인 것처럼 각자 본래의 면목을 잃지 않고 지키는 것을 괴상壞相이라 한다는 것이다.

그러면 법장은 이 육상의 가르침을 설한 의도를 어떻게 설명하고 있는가.

이 가르침을 편 이유는 일승원교인 법계연기에서는 모든 것이 끝없이 원만하게 융합하고 자재로이 서로 즉응卽應하여 아무런 장애 없이 서로를 감싸 유지하며, 나아가 인다라망의 비유처럼 무궁하게 서로 관계하고 있는 진리와 사상事象 등을 밝히기 위해서이다.[97]

---

96 『오교장』 4(『대정장』 45, p.507下) "初列名者 謂總相 別相 同相 異相 成相 壞相 總相者 一舍多德故 別相者 多德非一故 別依比總滿彼總故 同相者 多義不相違 同成一總故 異相者 多義相望各各異故 成相者 由此諸緣起成故 壞相者 諸義各住自 法不移動故"

97 상동(『대정장』 45, p.507下) "此教爲顯一乘圓教法界緣起 無盡圓融自在相卽無礙 鎔融 乃至因陀羅無窮理事等"

이와 같이 일승원교, 즉 별교일승인 법계연기의 진상을 밝히고자 육상원융六相圓融을 설한 것이다. 그러므로 이 뜻이 실현되면 일체의 번뇌는 하나가 끊어지는 것과 동시에 일체가 다 끊어져 구세九世·십세 十世에 걸쳐 평온이 얻어지는 것이므로 결국은 처음 보리심을 일으킬 때 바로 깨달음을 얻을 수 있게 된다는 것이다.

여기서 마지막의 육상게六相偈를 통하여 별교일승인 무진연기의 실상을 나타내는 십현연기와 육상과의 관계를 알아보자.

일一이 다多를 갖추는 것을 총상이라 하고, 다는 일이 아닌 것이 별상이다. 많은 종류가 자연히 하나가 되어 총상을 만들고, 저마다 본체를 달리 하면서 동상을 나타낸다. 일과 다의 연기에서 도리는 미묘하게 성립하고, 괴상은 본연의 자세를 지켜 항상 변하지 않는다. 이것은 오직 불지의 경계이므로 사물을 분별하는 지식으로는 미칠 수 없으나, 이 방편에 의해 일승을 터득할 수 있다.[98]

다시 말해서 육상의 원융무애한 도리에 의해 십현연기가 성립하므로 법계무진연기를 설명할 수 있으며 이 양자는 별교일승의 극치를 나타낸 다. 그러나 사사무애의 중중무진한 도리는 불지혜佛智慧의 경계라서 이해하기 어렵기 때문에 육상을 방편으로 하여 입증한다는 것이다.

한편 이 육상게에 관해서는 지엄이 지은 것을 법장이 답습한 것이라

---

98 상동(『대정장』 45, pp.508下~509上) "一卽具多名總相 多卽非一是別相 多類自同成 於總 各體別異現於同 一多緣起理妙成 壞住自法常不作 唯智境界非事識 以此方便 會一乘"

는 설[99]이 있으나, 그것은 징관 이후에 잘못 전해진 것이라는 견해[100]도 있다.

『법화경』은 일승사상을 문학적으로 표현하고 있는 화택삼거火宅三車의 비유에서 양거·녹거·우거 이외에 따로 있다는 대백우거를 일승, 즉 동교일승이라고 하였다. 그러나 화엄별교일승은 그 대백우거가 무수히 있다고 한다. 무수히 있으면서도 서로 대립적인 관계에 있는 것이 아니고 상즉상입하고 있는 관계, 다시 말해 서로가 서로를 방해하지 않고 조화를 이루는 절대성 속에서 존재하고 있는 중중무진한 관계라고 하는 것이다.

따라서 법장의 별교일승은 종래의 일승, 즉 『법화경』의 일승에 대해서 『화엄경』의 일승을 밝힌 것이라고 할 수 있다. 그것은 융회의 일승에 비하여 근본적 일승이며, 대기對機의 법으로서가 아니라 법으로 설해진 근원으로서의 자내증을 뜻한다. 그렇기 때문에 해인삼매가 중요시되고 해인삼매에서 체험한 일승이라는 것이다. 따라서 동교적同教的 요소를 불식하여 별교일승에 한정시키는 연기설, 즉 무진연기인 것이다.

여기서 법계연기라고 하지 않고 굳이 무진연기라고 한 것은, 전자가 일체의 연기설을 포괄하는 개념의 연기설임에 비하여 후자는 다른 연기의 기준이 되는 연기설로서 법장이 처음으로 주창한 것이기 때문이다. 물론 양자가 그 내용에 있어서는 다를 바가 없어서 『화엄경』에서

99 木村清孝, 『(大乘佛典 7)화엄오교장』(東京: 中央公論社 1989), p.340에서는 師會의 『復古記』를 근거로 하고 있다.
100 石井教道, 『華嚴教學成立史』(京都: 平樂寺書店, 1964), p.405.

도 인다라망이라든가 무진상無盡相 등 동일개념의 용어가 나오긴 하지만, 그것을 명확하게 '무진연기'로 표현한 것에 의미를 부여할 수 있다.

그러므로 법장은 이러한 무진연기로서의 별교일승을 설하여 『화엄경』이야말로 불교의 근원이라고 표방함과 동시에 석존불교로의 환원을 주장한 것이라고 생각된다. 왜냐하면 석존의 증오證悟는 모든 현상을 연기로 본 것에서 성립한 것이기 때문이며, 그것은 바로 일승연기인 무진연기로서 현실 그대로를 진실한 것으로 받아들이는 철저한 현실긍정의 입장[101]이기 때문이다.

따라서 석존의 참뜻은 모든 중생들이 성불하는 일승사상에 있었을 것이며, 대승불교의 지향도 여기에 있다고 할 수 있는 것이다.

3. 법장의 신만성불론

불교는 글자 그대로 불타의 가르침이자 동시에 불타가 되는 가르침이기도 하다. 설사 그 과정 속에서 번민하고 방황하기도 하지만 결국은 불타가 되는 길을 가르치는 것이다.

그런 의미에서 대승불교는 성불을 설한 가르침이라고 할 수 있다. 대승불교도들의 궁극적인 목표가 바로 "자타일시성불도自他一時成佛道"이기 때문이다. 그러므로 대승경전 가운데 성불론과 관계되지 않은 것은 있을 수 없다고 한다.

---

101 졸고, 「法藏における空觀の特質」(『印度學佛敎學硏究』 38-1, 1989), p.240.

그러한 의미에서 보면 성불을 어떻게 파악하는가 하는 문제는 한 사람의 대승불교자의 불교에 대한 기본적 관점이 됨과 동시에, 그의 실천적 사유가 어디에 있는가를 살펴볼 수 있게 하는 척도라고 하겠다.

인간은 누구나 할 것 없이 모두 불성을 지니고 있으며, 인간의 존재라는 것은 불성이 현실재現實在로서 일어나고 있다고 보는 화엄가 사람들의 성불론은 어떠한 것일까. 특히 법장이 이 과제를 놓고 어떻게 접근하고 있는가 하는 점에 초점을 맞추어서 고찰해 보고자 한다.

먼저 그의 성불론을 검토하는 데에 있어서 두 가지 측면에서 접근하려고 한다. 그 하나는 신만성불信滿成佛의 기초를 세운 지엄의 성불론을 통하여 법장이 주장하는 성불론의 배경을 먼저 살펴보고, 이어서 법장의 신만성불론의 내용을 그의 대표적 저술인 『오교장五敎章』을 중심으로 살펴보겠다.

다시 말하면 무엇이 법장이 주장한 성불론의 본질을 형성하는 것이며, 그가 이해한 성불론의 특질은 어떠한 것인가라는 측면이 밝혀질 것이다.

1) 법장 이전의 신만성불론

법장이 주장한 신만성불信滿成佛의 배경으로 지엄의 성불론에 관한 내용을 먼저 살펴보고자 한다. 지엄의 성불론을 다루고 있는 것은 『오십요문답五十要問答』과 『공목장孔目章』인데, 전자는 성불을 교판적 시점에서 접근하면서 교설의 단계에 따라 구별하고 있다.[102]

---

102 『오십요문답』上(『대정장』 45, p.519下).

먼저 소승의 경우는 부처가 되는 것이 보살 한 사람, 다시 말하면 불타뿐이며 그 이외에는 최고의 경우라도 무여열반無餘涅槃에 주할 수 있을 뿐이다.

그리고 삼승시교三乘始教의 경우는 성불하는 이와 성불하지 못하는 이가 반반이다. 직접 대승의 경지에 오른 직진보살直進菩薩과 소승에서 대승으로 전향한 회심보살回心菩薩은 오랜 수행을 거쳐서 결국에는 성불할 수가 있다. 그러나 그 궁극적 경지인 감임지堪任地까지 이르지 못하는 것은 성불의 종자를 갖지 못한 일천제一闡提의 위位와 같은데, 이것은 『유가론瑜伽論』보살지에서 설명한 바와 같다.

그 다음 삼승종교三乘終教의 입장에서는 일체 유정이 모두 성불할 수 있다고 한다. 그것은 불지혜에 의해 본래 갖추어져 있는 불성과 실천성이 현현하기 때문이다. 그러나 이러한 입장에서일지라도 초목 등은 성불할 수 없는데, 이는 『열반경』의 설과 같다.

마지막으로 일승교의一乘教義에 의하면 일체 존재가 주체로서의 실천자(正報)도, 그가 의존하는 세계(依報)도 함께 성불할 수 있다는 것이다. 이것은 『화엄경』에서 설한 바와 같다고 한다.[103]

이와 같이 지엄은 신심身心의 근거가 되는 객관적 존재를 포함하여 일체 성불을 확신하고 있는데, 이로 미루어 『열반경』의 '실유불성悉有佛性'설을 더욱 발전시킨 입장에서 자신의 성불론을 주장하고 있다.[104]

그러나 한편 『오십요문답』의 「신만성불의信滿成佛義」를 보면

---

103 상동.

104 木村清孝, 『初期中國華嚴思想の研究』(東京: 春秋社, 1977), p.574.

224

묻기를, 십신작불十信作佛과 십지종심작불十地終心作佛의 차이는 무
엇인가. 답하기를, 만약 단지 십신작불을 말할 뿐 십지종심작불을
논하지 않는다면 바로 이것이 삼승교三乘敎이다. 무엇 때문인가.
법의法義의 도리가 갖추어지지 않은 때문이다. 만약 오위五位와
구위九位를 갖추고 작불作佛한다면 이것이 바로 일승원교一乘圓敎의
포섭이다. 무엇 때문인가. 교의 등을 갖추고 구족하게 설명하는
까닭이다. 소승의 부처님이나 삼승의 부처님은 다 같이 아함불阿含
佛이고, 일승의 부처님은 의불義佛이다.[105]

라고 설명하기도 한다. 즉 십신성불을 말할 뿐이며, 십지종심작불을
논하지 않는 것은 삼승교이며, 십주성불十住成佛에서 십지종심十地終
心에 이르기까지의 오위五位와 구위九位 일체를 갖추고 있는 것이
일승원교一乘圓敎의 성불이라고 설명하고 있다. 다시 말하면 십신성불
에 불과한 삼승교가 동별이교同別二敎 가운데 동교의 작용에 의해
일승원교의 성불이 되는 것을 신만성불이라고 한 것이다.
  그러면 십신성불과 신만성불과의 차이는 있는 것일까. 『공목장』에
서는 다음과 같이 설하고 있다.

  일승의 뜻을 요약하면 심신종심十信終心에서 십해위十解位, 십행十
  行, 십회향十廻向, 십지十地, 불지佛地에 이르기까지 일체 모두가

─────────
105 『오십요문답』上(『대정장』 45, p.521上) "問 十信作佛與十地終心作佛差別云何
   答 若但言十信作佛不論十地終心作佛則是三乘敎 何以故 由法義道理不具故 若具
   五位及九位作佛卽是一乘圓敎攝也 何以故 由具敎義等具足說故 小乘佛三乘佛並
   是阿含佛 一乘佛是義佛也"

성불한다. 또한 제10지에 있더라도 역시 따로 성불한다. 법보주라선
지식法寶周羅善知識이 설한 것과 같다. 무엇 때문인가. 일승의 뜻은
삼승과 소승 등을 끌어들이기 위해 하위下位와 하신下身에 동조하여
성불할 수 있기 때문이다. 또한 팔지八地 이상에서 곧바로 부처를
이룬다. 이 경지에서 무애불無碍佛이 일체신一切身을 이루는 것과
같기 때문이다. 이는 별교에 근거해서 말한다. 만약 동교에 근거해서
설명하면 바로 앞의 사승四乘의 밝힌 바 도리를 포섭한다. 일체가
모두 일승의 의미이다.[106]

라고 해서, 일승의 독자적인 성불론이 전개되고 있다. 즉 신만信滿에서
십지十地에 이르는 성불을 설명하는 입장과 십신十信 만위滿位 이후의
제10지만의 성불을 설명하는 입장, 그리고 팔지 이상의 성불을 설명하
는 입장 등이 별교일승의 성불이라고 말하고 있다. 그러나 일승의
궁극적 입장은 삼승과 소승도 일승에 끌어들이는 것에 있다는 것이다.
　따라서 하위下位나 하신下身 중에서도 성불을 성취해간다. 그러므로
십신종심성불을 비롯하여 십해, 십행, 십회향, 십지, 불지의 성불이라
고 한 것이다. 그리고 동교일승은 앞의 4승, 즉 인천승人天乘, 소승小乘,
점오승漸悟乘, 돈오승頓悟乘 등 이 모두를 받아들이는 입장에서의 성불
이다.

---

106 『공목장』3(『대정장』45, p.561上中) "若一乘義者 十信終心 乃至十解位十行十回
　向十地佛地 一切皆成佛 又在第十地 亦別成佛 如法寶周羅善知識中說 何以故 一
　乘之義 爲引三乘及小乘等 同於下位及下身中得成佛故 又於八地以上 卽成其佛
　如於此位成無碍佛 一切身故 此據別教言 若據同教說 卽攝前四乘所明道理 一切皆
　是一乘之義"

226

요컨대 지엄의 경우는 철저하게 일승원교에서 십신성불이 일체를 갖춰간다는 점에 있어서 신만성불이 실현된다고 하는 입장이라고 할 수 있을 것이다. 게다가 일념성불一念成佛이라든가 질득성불疾得成佛 등도 설명되지만, 여기서는 법장과 관련된 신만성불에만 한정하고자 한다.

2) 법장의 신만성불론

(1) 『오교장』의 신만성불론

그러면 『오교장』에 보이는 법장의 성불론을 살펴보자. 『오교장』은 법장이 성불에 관한 자신의 체계적인 이해를 분명히 밝히고 있는 저작이다. 좀 더 구체적으로 지적하자면 제9 소전차별所詮差別과 제10 의리분제義理分齊[107]가 그것이다.

그러나 설사 실천행이라 하더라도 범부위凡夫位에 속하고, 가행加行의 최초에 해당되는 신위에 있어서 성불을 한다고 주장할 수 있는 이유는 어디에 있는가.

먼저 제9 소전차별의 행위분제行位分齊에 보이는 신만성불의 견해를 검토해 보면, 오교五敎 각각의 행상行相과 위상位相에 관하여 차별을 분명히 하기 위해 제5 원교圓敎에서 별교의 행위를 세 가지로 나누어 설명하고 있다. 즉 삼승교의 위상에 빗대어 설하고, 또한 삼생三生에 걸친 수행의 인因과 그 과보에 의해 성립하는 삼위三位를 밝히고 있다.

---

[107] 『오교장』은 세 종류, 즉 錬本, 宋本, 和本이 있는데, 앞의 두 本은 제9所詮差別, 제10義理分齊의 순서로 되어 있는 반면, 뒤의 和本은 그 반대로 되어 있다. 여기서는 전자에 따른 순서로 살펴본다. 자세한 것은 본서 제3장 제2절 참조.

그리고 자분自分과 승진분勝進分의 이분二分에 의한 설명이지만 신만
성불의가 일관되게 주장되어 있다.

다시 말하면, 십신으로부터 십지를 거쳐 불과에 이르기까지 육위六
位의 계위階位가 있으나 일위一位를 얻음에 따라 일체위一切位를 얻는
다고 한다. 왜냐하면 육상원융과 주반구족 등의 상즉상입에 근거하기
때문이라는 것이다. 또한 제위諸位 및 불지佛地 등과 상즉하기 때문에
인과무이하여 시종무애이고, 하나하나의 계위에서 바로 보살과 부처
가 된다는 것은 바로 이 뜻이라고 하고 있으나, 결국 십신위의 만심滿心
을 말하고 있다.[108]

그렇기 때문에 별교의 행위를 아무리 신만성불이라 하여 드높이더
라도 기본적으로는 삼승종교의 십신위에 가탁한 것이다. 그래서 7가지
의 문답[七問答]을 들어서 신만성불의 일승성을 드러내고자 시도하고
있다. 즉 원교圓敎의 신만성불과 종교終敎의 초주성불初住成佛을 대비
하여 그 상위를 분명히 하고 있다. 그중에서 두 번째 물음에서는
종교와 원교의 성불 내용이 그렇게 다른 것이라면 왜 각각의 설명방법
을 달리하지 않았는가를 묻는다. 이것에 대하여

방편으로 이러한 일승의 신만성불을 나타내고 신수信受하기 쉽게
하기 위한 까닭에, 그 가르침에서 먼저 이 설을 만든 것이다.[109]

---

108 『대정장』 45, p.489中下.
109 『오교장』 2(『대정장』 45, p.490上) "答爲欲方便顯此一乘信滿成佛令易信受故 於
彼敎先作此說"

라고 답하고 있다. 이 신만성불의 설은 일승一乘의 성불을 용이하게 알리기 위한 방편으로써 종교에 빗대어 나타낸 것이지만, 이것을 더욱 더 신수하기 쉽게 하기 위하여, 먼저 종교에서 초주성불을 설한다는 것이다.

위에서 살펴본 바와 같이 지엄의 경우 삼승교에서 십신성불을 인정하고 있는 것에 비하여, 법장은 일승의 신만성불이라고 하는 점을 좀 더 명확히 하고 있다. 더욱이 별교의 내용으로 되어 있는 점에서 법장의 신信에 대한 비중의 정도를 알 수 있다고 하겠다.

그리고 십신의 만심에서 일체를 포섭한다고 하면서 무엇 때문에 십주 등의 제위의 순서를 설정할 필요가 있는가라는 세 번째 물음에 대하여

뒤의 제위諸位를 설하는 것은, 바로 이는 초중初中의 일체이다. 초初와 같이 후後도 또한 그러하다.[110]

라고 대답한다. 그 이유는 신만의 공덕을 전개시키기 위한 것으로, 제위는 신만 중의 일체로서 모두 신만 속에 포섭된다. 본래 일체위를 구족하는 것을 이름하여 초일初一이라 하고, 일체를 구족하지 않고서는 초일이라고 말할 수 없다. 그래서 아무리 설명하여도 초일을 벗어나지 않는다는 것이다.

이어서 연기법인 것은 전후상즉하기 때문에 얻지 않으면 일체가

---

110 상동, "答說後諸位卽是初中之一切也 如初後亦爾"

없고, 반대로 초初를 얻으면 동시에 후後도 얻는다고 한다. 결국 초주初住에서 후위後位를 구족한다는 것이 네 번째 문답의 내용이다.

그러나 각 계위가 일체를 구족하여 차별이 없다고 한다면 제위의 차제를 설하는 것은 불가능하지 않는가라는 다섯 번째 물음에 대하여, 그것은 차별상에 의한 방편으로서 계위의 전후차제를 설하는 한편, 무애의 법체로부터 일승법을 설하는 것이며, 차별의 항포문行布門이 그대로 원융자재하고 상즉원융이 그대로 항포차제行布次第로서 두 뜻이 서로 융통하여 다르지 않다고 대답하고 있다.

그리고 여섯 번째 문답에서는 신信 등의 초문初門에 일체를 구족한다고 한다면, 어째서 초신성불初信成佛이라고 하지 않고 신만성불信滿成佛이라 하는 것인가라고 묻고 있다. 그 답은 삼승종교의 신만불퇴에 비유하여 별교의 입장을 나타내고, 일체전후의 제위의 행상을 얻기 때문에 초신성불이라 하지 않는다고 하였다.[111]

그러한 답을 받아서 일곱 번째 문답에서는

묻기를, 만약 그렇다고 한다면 마땅히 주위住位의 성불이라고 말해야 할 것이다. 왜 신만이라고 명명하는가. 답하기를, 신信이 성취되기 때문에 이는 행불行佛이지 위불位佛은 아니다. 나머지 뜻은 준하여 알지어다.[112]

111 『오교장』2(『대정장』45, p.490上中) "問若爾是初門卽一切者 何不說信位初心卽得 而說滿心等耶 答若自別敎 卽不住位成 今寄三乘終敎位說 以彼敎中信滿不退方得入位 今卽寄彼得入位處 一時得此一切前後 諸位行相 是故不於信初心說 以未得不退未成位相 但是行故"
112 상동(『대정장』45, p.490中) "問若爾應言住位成佛 何名信滿 答由信成故 是故是行

라고 설명하고 있다. 즉 앞에서 별교에는 본래부터 위位가 없다고
하면서 무엇 때문에 특히 신만에서 성불을 설하는가라는 물음에 대하
여, 종교의 위상에 빗대어 나타내기 때문에 종교에서는 초주에 올라
불퇴를 얻는다고 하고 있다. 그러나 그것은 십신만위에서 행行을
성취하기 때문에 초주성불이라고 하지 않고, 행의 공덕이 성만成滿하
는 것을 신만성불이라 한다고 답하고 있다.

　그리하여 법장은 철저하게 원교의 행위로 신만성불을 나타내며,
신信의 작용을 최대한으로 해석하여, 불교의 통상적인 신信을 일탈하
였다고 말해지기도 한다.[113]

　그런데 제10 의리분제義理分齊의 십현문은 지엄의 설을 잘 계승하여
그 명칭 등은 완전히 같고 순서가 약간 틀릴 뿐이다. 즉 지엄의 경우는
여덟 번째가 제법상즉자재문諸法相卽自在門이지만, 법장은 제3문에
이를 해당시키고 있으며, 거기서 성불론이 전개된다. 즉 십현연기의
제3 제법상즉자재문에서는 연기의 일체제법이 일즉일체·일체즉일로
서 원융자재무애함을 다음과 같이 서술하고 있다.

만약 동체문의 입장에서 보면, 즉 스스로 구족해서 일체법을 포섭한
다. 그러나 이는 그 자체 속에 구족된 일체가 또한 스스로 상즉상입하
여 중중무진하기 때문이다. 더구나 이 무진은 모두 초문 속에 있다.
따라서 이 경에서 말하기를 초발심보살의 일념의 공덕은 깊고 넓어
서 끝이 없는데, 여래가 분별하여 설하심은 겁을 지나도 능히 다함이

　　佛非位佛也　餘義準之"
113 吉津宜英, 『華嚴一乘思想の研究』(東京: 大東出版社, 1991), p.392.

없거늘 어찌 하물며 무변무수무량겁에서 구족하게 제도제지諸度諸
地의 공덕행을 닦고자 하는가. 그 뜻을 말하자면 일념이 바로 심광무
변深廣無辺한 것은 진실로 연기의 법계는 일즉일체가 되기 때문이다.
저 동체문에서의 일전一錢이 중중무진한 뜻을 가지게 됨은 바로
이것이다.[114]

여기서는 무한히 전개하는 일즉일체의 일一은 무진을 내포한 초문初
門에 있다고 하고 초발심보살의 공덕의 깊이를 강조하는 경문[115]이
인용되어 있다. 즉 일체가 대상이며 그 일체 안에 하나와 그 하나
안에 일체라고 하는 것과 같이, 바야흐로 중층적으로 연기하는 법계를
내용으로 한다. 그것들은 단순히 관념적인 대상으로서 그려진 것이
아니라, 오히려 철저히 추상화시킴으로써 가장 구체적인 현실 그
자체의 깊이를 사사무애법계로서 확인하려고 하는 것이다. 그러므로
구체적인 생生의 사실적 근거로서의 실천적 모습에서 상즉관이 되는
것이다.[116]

그리고 전체를 총괄하는 초문으로서의 초발심이 되므로 동시에

---

114 『오교장』 4(『대정장』 45, p.505上中) "若約同體門中 卽自具足攝一切法也 然此自
一切復自相入重重無盡故也 然此無盡皆悉在初門中也 故此經云 初發心菩薩 一念
之功德 深廣無邊際 如來分別說 窮劫不能盡 何況於無邊無數無量劫 具足修諸度諸
地功德行 義言一念卽深廣無邊者 良由緣起法界一卽一切故爾 如彼同體門中一錢
卽得重重無盡義者 卽其事也"

115 『화엄경』 6(『대정장』 9, pp.432下~433上).

116 鍵主良敬, 「菩薩の初發心の課題」(『(人物 中國の佛敎) 法藏』, 東京: 大藏出版,
1991), p.219.

232

마무리를 다한 시작의 성립이라는 것이다. 끝이 있는 시작이기 때문에 부처로서의 보살이다. 그것은 성불에서 그 원점인 초발심으로 돌아갈 수 있는 끝이다.

또한 인因과 과果, 시始와 종終이 동시에 구족되는 관계라고도 하는 것이다. 따라서 시간적 전후도 공간적 총별도 둘 다 초월하면 초발심보살은 바로 부처라고 하는 경문이[117] 인용되고 있는데, 의상의 경우 '초발심시변성정각初發心時便成正覺'에 해당된다. 또한 일지즉일체지一地卽一切地, 신만信滿의 육위구족六位具足과 육위六位 각각의 신만구족信滿具足, 그리고 신만성불에 의한 이체異体의 상즉을 다음과 같이 논증하고 있다.

또한 말하기를, 일지一地에서 널리 일체 제지諸地의 공덕을 포섭하는 것이라고. 따라서 하나(一)를 얻으면 곧 일체를 얻는다. 다시 말하기를, 일즉다一卽多·다즉일多卽一임을 알기 때문이라고. 십신十信의 종심終心에서 곧 작불作佛한다는 것은 바로 이것이다.[118]

법장은 이렇게 신만성불을 논증하고, 이어서 6개의 문답분별(六問答分別)로써 상즉의 뜻을 밝히고 있다.

제1질문에서는 만약 동체일문同體一門에서의 일체를 포섭하여 무진하다면 그 무진이 나타나는 것은 동시인가 전후해서인가라고 묻는다.

117 『화엄경』 9(『대정장』 9, p.452下).
118 『오교장』 4(『대정장』 45, p.505中) "又云 在於一地普攝一切諸地功德也 是故得一卽得一切 又云 知一卽多多卽一故也 十信終心卽作佛者卽其事也"

　　제2질문에서는 동체일문에서 일체를 구족한다면 이체異體는 필요 없는 것이 아닌가라고 묻고, 제3질문에서는 동체일문에서 일체를 포섭한다고 하는 일체란 자체의 동체문 가운데의 일체인가, 이체문 속의 일체인가를 묻는다. 그리하여 이어지는 제4와 제5질문에서는 인과의 문제가 설명되고 있다.

　　먼저 제4문답에서는,

　　묻기를, 이것들은 인因 중의 덕을 찬탄할 뿐 어찌 곧바로 만덕滿德의 과여야만 하는가. 대답하기를, 이 일승의 뜻은 인과동체로서 일연기 一緣起를 이룬다. 이것을 얻으면 곧 저것을 얻는다. 이것과 저것이 상즉하기 때문에 만일 과를 얻지 못하면 인이 곧바로 인을 이루지 못한다. 무엇 때문인가. 과를 얻지 못하면 마찬가지로 인이 아니기 때문이다.[119]

라고 하였는데, 여기서는 이시異時의 인과因果가 아닌 동시同時의 인과 가 보인다. 그것이 연기의 본지이다. 즉 인의 성립과 과의 성립은 완전히 동시라는 관점에서 과가 성립되지 않는 인은 애초에 인이 아니라고 단정한다. 그런 의미에서 보면 초발심일 때는 당연히 정각의 현성現成과 동시적으로 성립한다는 것이다.

다음으로 다섯 번째 질문에서는 십신의 종심終心에서 작불득의 법을

---

119 상동(『대정장』 45, p.505下) "問此等歎因中德耳 豈可卽滿德果耶 答此一乘義 因果 同體成一緣起 得此卽得彼 由彼此相卽故 若不得果者因卽不成因 何以故 不得果 等非因也"

말하는 것은 과분을 말한 것이기 때문에 앞의 과분불가설果分不可說과 모순되는 말이 아닌가라고 묻는다. 이에 대하여,

> 작불이라고 말한 것은 단지 처음 견문見聞으로부터 이후, 내지 이생二生에서 곧바로 해행解行을 성취하고, 해행의 종심에서 인위를 성만하게 하는 것, 제3생生에서 바로 저 구경자재원융究竟自在圓融의 과를 얻는 것이다.[120]

라고 대답한다. 즉 여기에서는 삼생성불三生成佛로 설명된다. 먼저 제1생生에서 견문見聞하고, 제2생에서 해행解行한다. 그리고 해행위의 종심에 있어서 수행을 다한 사람이 제3생의 증입위에서 구경자재원융하여 득과得果한다는 것이 그것이다.

마지막으로 삼승의 일념작불과 일승의 신만성불의 차이에 관하여 묻고, 다음과 같이 대답한다.

> 답하기를, 삼승은 이理의 입장에서 보면 일념에 곧 작불한다고 한다. 지금 이 일승은 일념에 바로 일체의 교의이사인과教義理事因果 등 위와 같은 일체의 법문을 구족할 수가 있다. 또한 일체중생과 함께 모두 다 동시에 작불하고, 후에는 능히 분별하여 새롭게 단혹斷惑하고, 또한 학지學地에 머물지 않으면서도 정각을 이룬다. 십불十佛을 구족함으로써 무진한 역순逆順의 덕德을 나타내기 때문이다.[121]

---

120 상동, "答令言作佛者 但從初見聞已去 乃至第二生卽成解行 解行終心因位窮滿者 於第三生卽得彼究竟自在圓融果矣"

일승의 신만성불은 일념에 일체의 법문을 포섭함으로서 성불하고, 동시에 일체중생을 모두 작불하게 하는 것이다. 즉 삼승은 도리의 입장에서 일념에 작불한다고 하지만, 일승의 일념성불은 일체법문을 구족하기 때문에 일체중생과 함께 십불까지도 구족한다고 하는 것이다.

더욱이 신만 때만이 아니라 이후의 십해, 십행, 십회향, 십지, 불지 등 각 계위의 일념 일념에 단혹하여 성불하며, 일체의 법문을 구족하기 때문에 일념성불과 신만성불은 다르지 않다고 대답하고 있다.

이렇게 보면 의리분제義理分齊에서 신만성불의는 오로지 별교일승, 원교의 성불관임이 분명하다. 왜냐하면 지엄에게 있어서 신信은 끝까지 동교로 다루어지고 있지만, 법장은 신信을 좀 더 높여서 별교의 내용으로 하고 있기 때문이다.

(2)『탐현기』의 신만성불론

지금까지『오교장』의 성불론을 고찰해 보았는데, 만년의 저작으로 알려진『탐현기』에서는 어떻게 설명되고 있는지를 살펴보자.

먼저 보리심과의 관계에서 살펴보면, 소승은 별개로 하더라도 오성차별에 의해 무성유정無性有情의 존재를 인정하는 것은 대승시교이며, 종교에서는 일체중생실유불성의 입장이다. 여기서도 법장은 한결같은 주장으로 이어지고 있다.

더욱이 돈교의 이언절려離言絶慮의 관점을 근거로 하면서도, 마지막

---

121 상동(『대정장』45, p.506上) "答三乘望理 爲一念卽得作佛 今此一乘 一念卽得具足一切教義理事因果等如上一切法門 及與一切衆生皆悉同時作佛 後皆新斷惑 亦不住學地而成正覺 具足十佛以顯無盡逆順德故"

원교에 의하면 중생성불은 인과가 함께 있고 성상이 함께 원명하게 덕을 갖춘, 소위 「성기품性起品」의 '여래의 보리'의 내실에 부합되는 것이 된다. 이 원교의 의미하는 바가 법장교학의 최종적 도달점이 된 것은 말할 필요도 없다. 일즉일체·일체즉일에 있어서의 원융무애한 연기관에 의해 그와 같이 단정할 수 있기 때문이다.

그러나 『현담玄談』의 제4 교소피기教所被機의 십위의 근기를 설하는 대목에서는 다음과 같이 말하고 있다.

> 만약 별문別門에 의하면 처음 움직여서 십신에 이르고, 다음에 돌이켜서 십주 내지 불과에 이른다. 점차로 서로 이끌어서 피안彼岸에 나아가는 것을 가사의可思議라고 부른다. 만약 보문普門에 의한다면 일위一位는 곧 일체위一切位이기 때문에 역시 일운一運은 곧 일체운一切運임을 부사의승不思議乘이라고 이름한다. 이 수레에 타는 자는 십신만심에서 곧바로 육위를 얻는다. 「현수품賢首品」 등에서 설한 것과 같다.[122]

여기서는 행위行位가 별문과 보문으로 나누어지고, 보문에서 신만성불이 설해지고 있지만 지엄의 입장과는 대체로 반대이며, 별교일승의 성불론으로서 신만성불이 강조되고 있다. 그리고 "「현수품賢首品」 등에서 설한 것과 같다"라고 한 것의 신만성불에 대한 문답을 보면

---

122 『탐현기』(『대정장』 35, p.117上) "若依別門初運至十信 次轉至十住乃至佛果 次第 相乘以階彼岸 名可思議 若依普門一位卽一切位故 亦一運卽一切運名不思議乘 乘 此乘者十信滿心卽得六位 如賢首品等說"

문기를, 이 가운데서 이미 십신의 보살이 성불을 나타내는 것은 일시적인 화현인가 실제적 성불인가. 답하기를, 만약 삼승의 초교初教에서는 원래 성불을 화현하지 않는다. 아직 불퇴를 얻지 않았기 때문이다. 만약 종교라면 십신만심의 승진분勝進分에서 십주의 초初에 들어갈 때, 바로 불퇴를 얻기 때문에 능히 잠시 동안 성불을 화현한다.[123]

라고 설명하고 있다. 삼승초교三乘初教의 입장에서는 이와 같은 문제가 생길 여지가 없으나, 종교에서는 십신만심의 승진분勝進分이 초발심주初發心住이기 때문에 거기서 불퇴가 성립한다. 그래서 성불의 화현을 잠시 나타내 보일 수가 있다고 한 것이다. 불퇴를 어떻게 볼 것인가 하는 것은 논의의 소지가 있지만[124] 여기서는 초주위불퇴를 인정하는 것이 종교의 입장이라고 하고, 그러면서 성불의 화현을 거론한 것이다.

그러나 일승원교의 입장에서는 사실상 신信의 만위에서 성불을 실현하는 것이며, 다음과 같이 위상位相을 초월한 시점에서 말해지고 있다.

만약 일승원교에서라면 실로 곧바로 위位에 의하지 않는다. 종교의 위상位相에 빗대어 이를 분별하면 신만불퇴信滿不退 때에 곧 저

123 상동(『대정장』 35, p.189上) "問此中旣是十信菩薩現成佛者爲是暫時化現 爲實成耶 答若三乘初教中總無化現成佛 以未得不退故 若終教十信滿心勝進分上入十住初 則得不退故能暫時化現成佛"
124 鍵主良敬, 앞의 책, p.217.

238

보현법계普賢法界의 행덕을 얻고, 두루 인과를 포섭해서 원융무애임을 밝힌다. 만일 인문因門의 입장이라면 곧 항상 보살이다. 만약 과문果門의 입장이라면 곧 언제나 불佛이다.[125]

보살도의 궁극적인 보현법계의 행덕이 그대로 구현되고, 인과가 함께 포섭되어 원융무애라는 것이다. 그리고 인문의 입장에서 보면 보살로서 어디까지나 여기서부터 나아가기 시작하는 것이지만, 그러나 과문에서 보면 불 그 자체인 것이다. 즉 보살에게서 부처님을 보고, 부처님에게서 보살을 본다는 것은 바로 인과교철이기 때문이다.

이상으로 법장의 성불론, 즉 신만성불信滿成佛의 의미를 고찰해 보았다. 요컨대 성불이 깨달음을 전제로 하여 성립하는 것처럼 깨달음도 신信을 전제로 해야만 한다. 그 때문에 대승경전은 대체로 신을 강조한다. 『화엄경』도 그러한 경전 중의 하나이다.

그러나 법장의 신信에 대한 위치 부여가 아무리 높다고 하더라도 그것은 처음 보리심이 발현되기 직전이다. 어디까지나 신위信位이지 주위住位는 아니다. 신해행증信解行證의 최초의 단계에서 성불한다고 하는 뜻이다. 그만큼 법장의 독창성[126]이 눈에 띄는 것이라고 할 수 있겠다.

125 『탐현기』 1(『대정장』 35, p.189上中) "若一乘圓敎中實則不依位 寄終敎位相以辨之 於信滿不退之際則明得彼普賢法界行德具攝因果圓融無碍 若以因門取則常是菩薩 若果門取則恒是佛"

126 吉津宜英, 앞의 책, p.421에서 感應의 논리를 적용하여, 법장의 信滿成佛은 소위 自燈明의 내용에 해당된다고 주장하고 있다.

그러나 신信이라고 하면 일반적으로는 십신의 지위를 중심으로 한 인위因位에서 파악하는 것이 보통이다. 그러므로 지엄이 십신작불十信作佛만으로는 삼승교라고 하고, 십신작불이 십지종심작불十地終心作佛을 갖추었을 때에 일승원교의 신만성불이 성립한다고 한 것이다.

이에 대해 법장은 신信의 작용을 최대한으로 해석하여 신만信滿으로도 성불한다고 한다. 이것은 『화엄경』의 "믿음은 도의 근본이요, 공덕의 어머니"라는 내용을 절대적인 입장으로 드높이고, 신信의 마지막 단계에서 성불한다는 것이다. 이는 보살이라 하더라도 범부적인 보살 모습으로서의 중생에 초점을 맞춘 입장이고, 출발점이 곧 도달점이라는 원교의 성불론이기 때문으로 이해된다.

찾아보기

246

250

계환스님

운문사 비구니불교전문강원 대교과를 졸업하였다.

일본 하나조노(花園)대학 불교학과를 졸업하고, 교또(京都) 붓교(佛敎)
대학 대학원 석·박사과정을 수료한 후 문학박사학위를 취득하였다.
현재 동국대학교 불교학과 교수이자, 불교대학장과 불교대학원장을
겸하고 있다.

옮기거나 집필한 책으로는 『대승불교의 세계』, 『중국불교사』, 『화엄사
상사』, 『홍명집』, 『일본불교사』, 『고려대장경연구』(공저), 『똑똑똑 불
교를 두드려 보자』(공저), 『중국화엄사상사』, 『백팔고개 넘어 부처되
기』, 『경전산책』, 『상식으로 만나는 불교』, 『왕초보 경전박사 되다』등
다수가 있다.

e-mail: hasim@dongguk.edu

현수 법장 연구

초판 1쇄 인쇄 2011년 12월 20일 | **초판 1쇄 발행** 2011년 12월 30일
지은이 계환 | **펴낸이** 김시열
펴낸곳 도서출판 운주사

(136-034) 서울 성북구 동소문동 4가 270번지 성심빌딩 3층
전화 (02) 926-8361 | **팩스** 0505-115-8361
ISBN 978-89-5746-298-0 93220 **값** 15,000원
http://cafe.daum.net/unjubooks 〈다음카페: 도서출판 운주사〉